김변호사의
스마트한 AI 활용법 II

개업 변호사를 위한 업무 혁신 가이드

김변호사 팀 엮음

박영사

KIMLAWYER

0.1. 머리말: 우리가 이 책을 쓴 이유

법률 시장이 빠르게 변화하고 있습니다. 세계 최초 AI 로펌이 등장했다는 소식이 전해지고, 생성형 AI는 이제 단순한 보조 도구를 넘어 업무 방식 자체를 새롭게 정의하고 있습니다. 법률 서비스의 디지털 전환과 업무 방식의 생산성 혁신은 이제 선택이 아니라 생존 조건이 되었습니다. 거대한 변화 속에서 김변호사팀의 질문은 늘 같았습니다.

"변호사의 시간은 어디에 쓰여야 하는가?"

우리의 대답은 분명합니다.

"변호사의 시간은 판단·설득·책임이라는 법률의 본질에 쓰여야 한다."

하지만 개업 변호사의 현실은 그렇지 않습니다. 사건 수행 외에도 마케팅, 고객 응대, 수임 계약, 리텐션 관리, 회계·세무, 문서 표준화까지. 개업과 동시에 변호사는 전문가이자 필연적으로 '사업가'가 되어야만 합니다.

매년 1,700명에 달하는 신규 변호사가 배출되고, 이들 중 상당수는 준비되지 않은 채 개업 전선으로 내몰립니다. 이때 가장 먼저 고갈되는 것은 시간이고, 이내 시스템마저 무너지게 됩니다. 그래서 우리의 WHY는 단순합니다.

"개업 변호사의 시간을 되찾아, 법률의 본질에 다시 배치한다."

우리는 이를 위해 AI를 동료이자 시스템으로 배치합니다. 사람이 밤을 새우던 일은 자동화로, 머리로 붙들던 반복은 체크리스트와 템플릿으로, 흩어진 지식은 운영 매뉴얼로 바꿉니다. 기술이 인간을 대체하는 이야기가 아니라, 시스템이 변호사를 지켜주는 구조를 설계합니다.

올해 3월, 『김변호사의 스마트한 AI 활용법』 1권은 발간 10일 만에 2쇄를 기록하며 현장의 높은 수요를 입증했습니다. '청년 변호사들만의 책'에서 그치지 않고, 이름난 법무법인과 다양한 연차의 변호사들까지 실무서로서 가치를 인정해 주셨습니다. 이 결과에 대한 의미는 분명했습니다. 결국 변호사들에게 필요한 것은 거창한 담론이나 원론이 아니라, 사건을 맡고 처리하는 과정에서 바로 적용할 수 있는 '실무를 움직이게 하는 방법'이라는 것. 2권은 그 현장에 대한 응답입니다.

1권이 AI를 소속 변호사의 시점에서 "비용과 시간을 줄이고 핵심 업무에 집중하는 법"을 다뤘다면, 2권은 1인 개업·소규모 로펌을 운영하는 개업 변호사의 시점에서 묻습니다. "변호사업을 어떻게 AI로 '시스템화'할 것인가?" 다시 말해, 수임→상담→계약→대금 회수→사건 관리→서면 표준화→사후 케어로 이어지는 전 과정을 프로세스·자동화·지표로 엮어 흔들리지 않는 운영을 만드는 방법을 제시합니다.

국내 최대 청년 변호사 커뮤니티 '김변호사(www.kimlawyer.co.kr, 2025년 기준 회원 4,237명)'는 이러한 변화의 징후를 가장 먼저 체감한 곳입니다. 3기에 걸쳐 80여 명이 참여한 '김변호사 AI 스터디'에서 우리는 ChatGPT, Claude, Perplexity 같은 생성형 AI는 물론 Notion, Make 등의 자동화 도구를 피어러닝(peer learning)으로 실험하고 공유했습니다.

실패와 개선을 거듭하며 찾아낸 방법들, 현장에서 바로 적용 가능한 활용 노하우, 누구나 따라할 수 있는 실무 매뉴얼 — 그 축적이 이번 책의 뼈대를 이루었습니다. 해당 내용들은 고려대학교 ESEL 데이터·AI 법 전문과정과 고려대·경북대 로스쿨 강의에서 만점에 가까운 평가를 받으며, 현장에서의 실효성을 이미 검증받았습니다.

저자진은 실제로 개업을 고민하거나 이미 운영 중인 변호사들입니다. 현장에서 부딪힌 시행착오, 성과로 증명된 프로세스, 내일 바로 적용할 수 있는 서식과 템플릿을 담았습니다. 책이 끝나면 일이 시작되도록.

우리는 믿습니다. AI는 변호사를 대체하지 않습니다. AI는 '지속 가능한 개업'을 가능하게 하는 새로운 파트너입니다. 청년 변호사가 더 오래, 더 멀리, 더 바르게 일하기 위해 김변호사팀은 현장의 언어로, 작동하는 해법만을 묶어 이 책을 내놓습니다.

『김변호사의 스마트한 AI 활용법』 2권은 청년 변호사의 삶을 바꾸는 실행 매뉴얼이자, 내일을 준비하는 나침반입니다. 그리고 무엇보다 우리의 WHY를 향한 약속입니다.

변호사의 시간을 회복해 법률의 본질을 지킨다.

그 약속을 이 책의 첫 페이지에서, 여러분과 다시 시작합니다.

0.2. 왜 다시 쓰는가: 1권 이후의 7개월

1권을 쓸 때만 해도, 김변호사 AI 스터디를 듣는 변호사님들 중에서도 'AI는 뭔가 못미덥다'라고 생각하던 분들이 많이 계셨습니다. 7개월이 지난 지금, 제 주변에는 아예 AI를 구독하지 않는 변호사를 찾기가 더 어렵습니다. 이제 변호사들에게 AI 사용은 호기심이라 아니라, 생존에 가까운 문제입니다.

출간 이후 시장엔 비슷비슷한 AI 커리큘럼이 쏟아졌습니다. 제목만 갈아 끼우면 어디서 만든 건지 구분하기 힘들 정도였습니다. 『김변호사의 스마트한 AI 활용법』 2권에 대한 논의가 나왔을 때, 이런 시기에 '비슷한 프롬프트를 더 써서 책을 발간하는 게 과연 무슨 의미가 있나?'라는 생각이 들었습니다.

결론은 분명했습니다.

프롬프트를 늘리는 책이 아니라, 다른 '기획'을 제안하는 책이어야 한다는 것.

AI의 아버지라고 불리는 앤드류 응은 'AI 시대에 PM(Product Manager)의 역할은 점점 커질 것'이라고 했습니다. 저는 그 말이, "AI 시대에 일을 잘하는 사람은 AI를 레버리지 삼아 자신의 업무를 '기획'할 줄 알아야 한다"라고 들렸습니다.

그럼 AI를 이용해서 변호사업의 기획은 어떻게 해야 하는가?

1권에서는 소속 변호사의 입장에서 어떻게 서면을 쓰는 것에 대한 비용을 줄일지에 대한 내용에 집중했습니다. 2권에서는 1인 개업 변호사의 입장에서 어떻게 AI를 이용하여 비용을 줄이고, 리스스를 관리하는지에 대한 내용을 담았습니다.

0.3. 변화를 반영한 AI 사용법

너무 많고, 너무 복잡합니다. AI는 계속 나오고 머리가 아픕니다. 변호사가 이해하고 알아보기 편하게 정리해 보겠습니다.

1. 모델 전략을 2가지로 최적화

추론을 하고 깊게 쓰는 모델, 빠르고 싸게 대량 처리하는 경량 모델의 역할 분담이 뚜렷해졌습니다. 다양한 AI에 여러 모델들이 있지만, 둘을 구분해서 사용하세요.

→ "빠르게" 쓸 때와 "깊게" 쓸 때를 나누어 사용하세요

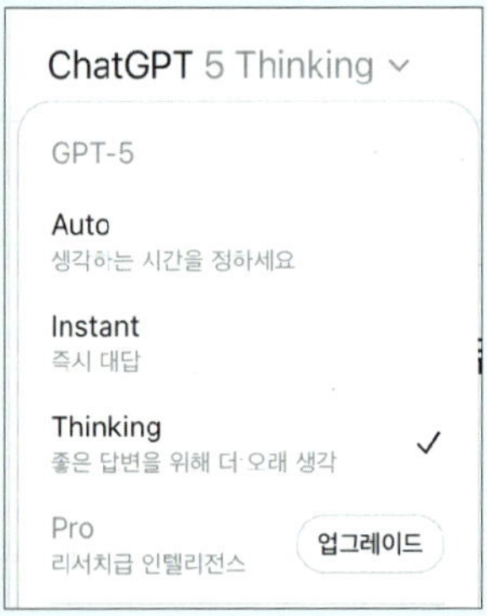

1) 빠르게: 요약·간단 비교·1차 브레인스토밍

2) 깊게: 법리 충돌 검토, 판례·증거 교차검증, 리스크 분석, 긴 문서 종합, 복잡한 의사결정

2. '검색형 AI'로 분류되는 퍼플렉시티, liner를 먼저 사용하시고, 그 자료를 기반으로 생성형 AI(ChatGPT, 제미나이, 그록 등)나 '버티컬 AI'(슈퍼로이어 등)를 사용하세요.

1권에서 강조했다고 생각했었는데 잘 와닿지 않았나 봅니다. 강의를 들었던 분들도 섞어서 사용하시는 분들이 많았습니다. 검색형 AI와 생성형 AI는 목적이 다릅니다.

기존에 구글이나, 네이버 같은 검색을 목적으로 AI 서비스를 사용하시려면 퍼플렉시티와 liner를 추천합니다. ChatGPT에서도 searchGPT를 내놨었고, Felo AI, 젠스파크도 검색형 AI와 유사하게 시작했던 것으로 기억합니다.

하지만 지금 검색형 AI 시장은 퍼플렉시티와 liner를 가장 많이 사용하시는 것으로 보입니다. 다만, liner는 초기 타깃이 해외 대학원생이라고 알고 있어서, 한국 변호사들이 사용하기에는 퍼플렉시티가 훨씬 용이할 것이라고 생각합니다.

3. 복합적인 질문을 잘 처리한다고 하지만, 나누어 질문하고 이를 합치는 것이 훨씬 좋은 결과물을 얻는 방식입니다.

생성형 AI는 복합적인 요구도 처리할 수 있지만, 한 번에 던지는 복합 질문의 결과물은 질의 변동성이 큽니다. 복합적인 요구 중에서 어떤 요구가 우선되는지 가중치를 잘못 잡기 쉽고, 여러 요구가 섞이면 어느 하나가 빈약해집니다.

해법은 나누어 질문하고, 구조화된 산출물로 합치는 것입니다.

4. 프롬프트 엔지니어링은 기본에 충실하게

프롬프트는 기술이 아니라 명확한 요구사항 정의입니다.

변호사에게 중요한 건 명확한 목적·형식·근거 기준입니다.

가. Role 역할: 누구의 입장/톤인가(법원 제출/의뢰인 안내/자문/내부 메모).

나. Objective 목적: 무엇을 위해 쓰는가(결론 권고/대안 제시/리스크 식별).

다. Audience 독자: 판사 등 법률가·의뢰인·상대방 변호사 등

라. Facts 사실: 확정된 사실관계/추정을 구분해 제공

마. Issues 쟁점: 질문을 항목화

바. Constraints 제약: 분량, 형식(각주/목차/표)

프롬프트 기본기 체크리스트

- 한 문단에 한 주문
- 명시적 제약: 분량·형식·관할·톤을 명시한다.
- 근거 강제: 조문·판례·증거 표기 규칙을 넣는다.
- 불확실성 표기: 추정과 확정을 구분하게 한다.
- 평가 섹션: 스스로 누락 · 충돌을 표시하게 한다(자체 QA).
- 재사용성: 템플릿으로 저장해 사건마다 변수만 교체.
- 샘플 고정: "이 형식으로 따라 써라"라는 샘플을 같이 주면 품질이 급등한다.
- "각 단락 끝에 핵심문장 1줄 요약"을 강제해 응집도를 올린다.

5. 변호사에게 추천하는 핵심 AI 정리

- 변호사에게 추천하는 AI: ChatGPT, Gemini

- PPT 같은 자료 만들기: gen spark

- 검색용 AI: Perplexity

- AI 웹브라우저: comet

- BM고도화나 레딧, X의 의견 취합이 필요할 때: Grok

- 환각현상(hallucination)을 최소화하는 내용정리: NotebookLM

지난 권을 집필하던 시기만 해도 클로드는 빼놓을 수 없는 주요 도구였고, 특히 유려한 문체에서는 독보적인 강점을 보였습니다. 그러나 ChatGPT-5가 등장한 이후 활용 빈도가 크게 줄었고, 이번 핵심 정리에서도 제외되었습니다.

그 대신 AI 웹브라우저의 부상이 주목할만 합니다. 광고를 차단해 주고 브라우저에서 보는 정보를 모두 요약해 주기 때문에 우리처럼 읽을 내용이 많은 사람에게 아주 편한 툴입니다.

예전에는 동영상 요약 등을 위해 릴리즈 AI나 NotebookLM을 자주 활용했지만, 이제는 웹브라우저만 잘 다뤄도 그 필요가 크게 줄었습니다.

0.4. 웹브라우저의 미래일까? - Perplexity Comet

Perplexity Comet(퍼플렉시티 코멧)은 AI 기술을 활용한 웹 브라우저로, 검색과 브라우징을 통합해 정보를 쉽고 빠르게 탐색할 수 있도록 설계되었으며, AI가 실시간으로 콘텐츠를 요약하고 관련 정보를 추천하는 점이 가장 큰 특징입니다.

검색형 AI를 먼저 사용해서 내용을 파악하고, 생성형 AI나, 버티컬 AI를 사용하라고 했었던 내용들을 기억하고 계실 것입니다. 검색형 AI의 선두주자인 퍼플렉시티에서 웹브라우저가 나왔는데요. 브라우저에 AI가 붙어있는 형태라서, 빠른 효율성을 느끼실 수 있습니다.

실시간 브라우징 요약:

사용자가 보는 뉴스, 블로그, 논문 등 콘텐츠를 AI가 자동 분석해 핵심 내용을 요약해 준다. 클릭 없이도 페이지의 주요 정보를 바로 파악할 수 있다.

1. 복잡한 업무도 한 번에 해결

2. 기존에 AI 요약에서 웹 콘텐츠 요약, 이메일, 캘린더 관리까지 가능

3. 광고 차단, 빠른 로딩

4. 기존 릴리즈 AI, NotebookLM의 역할을 브라우저에서 구현

〈Comet 사용방법 예시〉

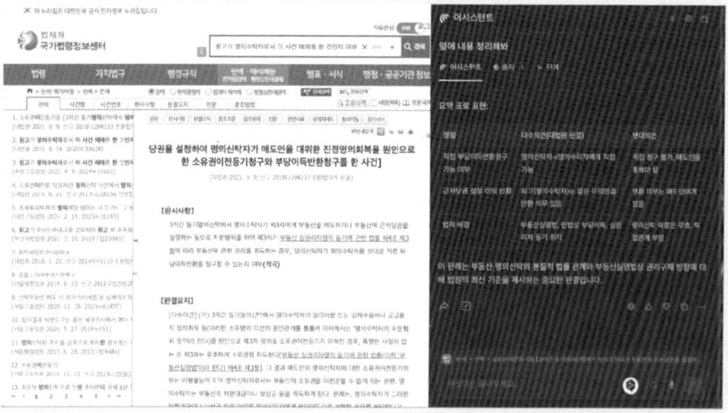

- **김변의 팁:** 긴 내용을 볼 때 코멧 브라우저로 검색형 AI와 함께 검색하면서, 중간중간 브라우징 내용을 요약으로, 표로 만들어서 검토하면 훨씬 편리합니다.

다만, 아직 크롬이나 익스플로러처럼 안정적이진 않습니다.

오류가 많이 나기도 하고 유료로 구독하지 않으면 계속 사용이 어렵습니다. 하지만 따로 AI를 열어야 하는 등 번거로움을 줄일 수 있다는 점,

많은 내용을 읽을 때 브라우저를 통해 요약본을 표로 먼저 만들어서 읽고, 원본을 읽는 등 편리함이 확실히 존재합니다.

0.5. AI 검색 시대, 변호사 온라인 마케팅의 운명

검색방법이 변화하고 있습니다.

구글, 네이버 검색에서 변호사를 찾던 잠재적 의뢰인들은 이제 ChatGPT에서, 퍼플렉시티에서, 또 구글 AI 모드에서 AI의 답변에 인용된 변호사들을 찾아가게 되기 때문에 기존 검색 최적화 방식이 무용하다는 말이 나옵니다. AI 검색시대, 기존 변호사들의 온라인 마케팅 자산들이 정말 쓸모없어지는 것일까요?

AI 시대 검색엔진에 노출되기 위해서는 어떤 전략을 사용해야 할지, 구글 검색 제품 부문 부사장 Hema Budaraju의 답변과 구글의 분석가인 Gary illyes의 인터뷰 내용[1]을 요약해 보면서 AI 검색시대에 개업 변호사들은 어떻게 대처해야 할지 함께 알아보겠습니다.

[AI도입 이후 구글 검색의 변화]

구글은 현재 검색 상단에

1) AI가 생성한 요약 답변을 제공하는 **'AI 개요'**와

2) 대화형 AI에 기반한 검색인 **'AI 모드(AI Mode)'**를 제공합니다.

'AI 개요'는 기존 검색 결과 페이지 내용을 화면 상단에 요약 제공하고, **'AI 모드'**는 AI검색 경험을 제공하는 별도의 검색 환경입니다.

---

1) 이민호 기자, "AI검색? AEO=SEO다. 구글 AI검색 상위 노출 기준은 변하지 않았다", 디지털 인사이트, 25. 7. 31.

〈구글 AI 개요 화면〉

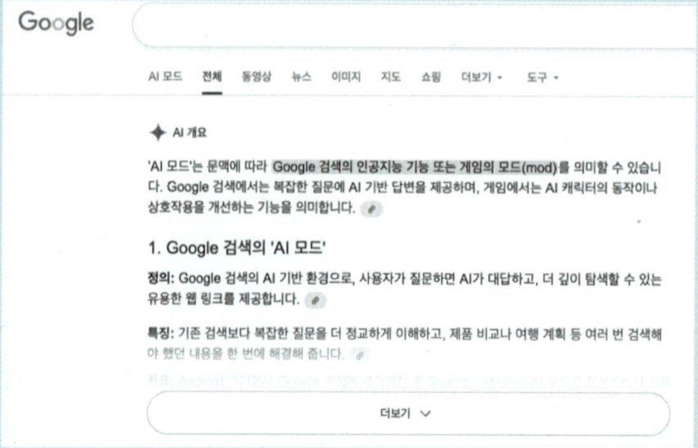
Google

AI 모드 전체 동영상 뉴스 이미지 지도 쇼핑 더보기 ▾ 도구 ▾

AI 개요

'AI 모드'는 문맥에 따라 Google 검색의 인공지능 기능 또는 게임의 모드(mod)를 의미할 수 있습니다. Google 검색에서는 복잡한 질문에 AI 기반 답변을 제공하며, 게임에서는 AI 캐릭터의 동작이나 상호작용을 개선하는 기능을 의미합니다.

1. Google 검색의 'AI 모드'

정의: Google 검색의 AI 기반 환경으로, 사용자가 질문하면 AI가 대답하고, 더 깊이 탐색할 수 있는 유용한 웹 링크를 제공합니다.

특징: 기존 검색보다 복잡한 질문을 더 정교하게 이해하고, 제품 비교나 여행 계획 등 여러 번 검색해야 했던 내용을 한 번에 해결해 줍니다.

더보기

〈구글 AI 모드 화면〉

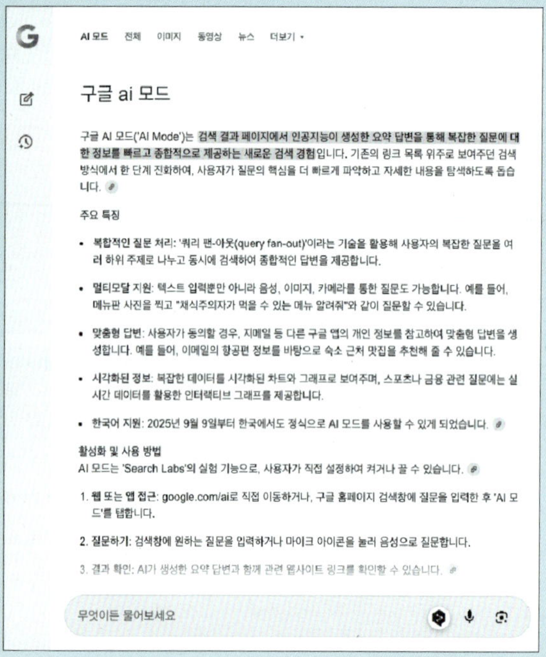
AI 모드 전체 이미지 동영상 뉴스 더보기 ▾

구글 ai 모드

구글 AI 모드('AI Mode')는 검색 결과 페이지에서 인공지능이 생성한 요약 답변을 통해 복잡한 질문에 대한 정보를 빠르고 종합적으로 제공하는 새로운 검색 경험입니다. 기존의 링크 목록 위주로 보여주던 검색 방식에서 한 단계 진화하여, 사용자가 질문의 핵심을 더 빠르게 파악하고 자세한 내용을 탐색하도록 돕습니다.

주요 특징

- **복합적인 질문 처리:** '쿼리 팬-아웃(query fan-out)'이라는 기술을 활용해 사용자의 복잡한 질문을 여러 하위 주제로 나누고 동시에 검색하여 종합적인 답변을 제공합니다.
- **멀티모달 지원:** 텍스트 입력뿐만 아니라 음성, 이미지, 카메라를 통한 질문도 가능합니다. 예를 들어, 메뉴판 사진을 찍고 "채식주의자가 먹을 수 있는 메뉴 알려줘"와 같이 질문할 수 있습니다.
- **맞춤형 답변:** 사용자가 동의할 경우, 지메일 등 다른 구글 앱의 개인 정보를 참고하여 맞춤형 답변을 생성합니다. 예를 들어, 이메일의 항공편 정보를 바탕으로 숙소 근처 맛집을 추천해 줄 수 있습니다.
- **시각화된 정보:** 복잡한 데이터를 시각화된 차트와 그래프로 보여주며, 스포츠나 금융 관련 질문에는 실시간 데이터를 활용한 인터랙티브 그래프를 제공합니다.
- **한국어 지원:** 2025년 9월 9일부터 한국에서도 정식으로 AI 모드를 사용할 수 있게 되었습니다.

활성화 및 사용 방법

AI 모드는 'Search Labs'의 실험 기능으로, 사용자가 직접 설정하여 켜거나 끌 수 있습니다.

1. **웹 또는 앱 접근:** google.com/ai로 직접 이동하거나, 구글 홈페이지 검색창에 질문을 입력한 후 'AI 모드'를 탭합니다.
2. **질문하기:** 검색창에 원하는 질문을 입력하거나 마이크 아이콘을 눌러 음성으로 질문합니다.
3. 결과 확인: AI가 생성한 요약 답변과 함께 관련 웹사이트 링크를 확인할 수 있습니다.

무엇이든 물어보세요

1. 기본은 여전히 중요하다 - 기존 SEO 전략은 여전히 중요하다.

기존의 검색 엔진 최적화(SEO) 전략이 여전히 중요하다고 합니다. 구글 AI 모드도 구글 검색 시스템을 기반으로 작동하기 때문에 제목에 핵심 키워드를 잘 넣고, 본문 내용을 충실하게 구성하는 등의 SEO(Search Engine Optimization) 기본 원칙은 변하지 않는다고 합니다. 즉, '기존 검색 시스템 기반에서 SEO라는 기본기가 탄탄한 콘텐츠라면 AI 모드에서 검색하더라도 잘 검색된다'로 요약됩니다.

2. 독창성과 진정성이 있는 콘텐츠가 고품질 콘텐츠로 평가받는다.

단순한 정보 나열보다 실제 경험에서 우러나온 솔직한 목소리와 독특한 시각이 유리하다고 했습니다.

예를 들어 같은 제품 리뷰라면, 직접 사용하며 겪은 생생한 후기나 자신만의 활용 팁을 담는 것이 훨씬 효과적일 수 있다는 것이죠. 특정 분야에 대해 깊이 있는 분석과 전문 지식을 제공하는 콘텐츠도 AI가 높이 평가할 수밖에 없다고 말했습니다.

3. 고품질 콘텐츠는 유저가 물어볼 질문에 대한 명확한 답변이 되어야 한다.

사용자들은 이제 AI에게 마치 사람과 대화하듯 질문합니다. "요즘 유행하는 인테리어 스타일 알려줘"처럼 길고 자연스러운 문장으로 검색한다는 것인데요. 구글의 AI 모드는 이런 복잡한 질문을 받으면, 관련된 여러 개의 하위 질문으로 쪼개서 답하는 '쿼리 팬 아웃(query fan-out)[2]' 방식을 사용합니다.

"상속 분쟁을 잘 해결하는 경험이 많은 변호사를 추천해 줘."라고 하면, '상속 분쟁 해결' '경험이 많은 변호사' 등으로 나누어 검색한다고 합니다. 그럼 더 깊이 있고, 관련성 높은 콘텐츠를 발견할 수 있다고 하죠.

---

2) 사용자의 복잡한 질문을 여러 하위 주제로 나누고 각각을 동시에 검색하는 방식

이때 답변에 인용되는 콘텐츠가 되려면, 이에 대한 구체적인 답이 변호사 블로그나 웹사이트 등, AI가 인용할 정보에 들어가 있어야 합니다. 따라서 **'크리에이터가 생산해야 할 콘텐츠는 사용자가 궁금해할 만한 질문에 대한 명확하고 친절한 답변이 되어야 한다'**라고 말합니다.

제목과 소제목을 질문 형태로 변형하는 것도 도움이 됩니다. 검색을 하는 유저의 검색 질문을 예측하여 제목을 정하면 AI가 여러분의 콘텐츠를 답으로 선택할 확률이 높아집니다.

또한, **AI는 다양한 형식으로 구성된 깊이 있는 콘텐츠를 선호하기 때문에 글뿐만 아니라 사진, 영상 등을 함께 활용하여 정보를 더욱 풍부하고 이해하기 쉽게 만드는 것이 중요**하다고 합니다.

Gary illyes는 *"과거부터 지금까지 구글은 콘텐츠의 품질을 기준으로 평가해 왔으며, 현재도 구글은 콘텐츠의 출처가 사람인지, AI인지는 신경 쓰지 않는다"*라고 말했습니다. 고품질의 신뢰도 높은 콘텐츠라면 기존 SEO 작업 만으로 검색 결과의 상위에 노출될 수 있다는 의미라고 답변했습니다.

또한 구글 검색에서는 'AI 개요'와 'AI 모드'를 제공하고 있는데 양쪽 모두 전통적인 검색 인프라인 크롤링, 인덱싱, 랭킹 시스템을 그대로 사용하며, 구글봇(Googlebot), 코어 인덱스, 순위 알고리즘 모두 **기존과 동일한 방식으로 작동**하기 때문에 기존 SEO와 동일한 작업을 거치는 것만으로도 검색 최적화에 충분하다는 내용이었습니다.

인터뷰 내용을 정리하면서 느낀 점은 SEO 최적화가 된 변호사들의 고품질 온라인 마케팅 자산이 완전히 무용해지기 위해서는,

1) 대부분의 잠재적 의뢰인이 기존 검색 서비스 대신 'AI 모드'를 포함한 생성형 AI를 기존 검색툴의 용도로 사용하여야 합니다. 하지만, 기존 구글 검색에서도 'AI 개요'를 상단에 노출하고 있는 상황에서 검색 서비스 유저들이 기존에 익숙하던 검색 습관을 쉽게 변경할지에 대해 의문이 들었습니다.

2) 또한 구글 인터뷰 내용을 보았을 때,

가) 기존 SEO 전략이 여전히 유효하다는 점
나) AI가 고품질 콘텐츠라고 평가하는 콘텐츠는 기존 SEO 시장에서도 고품질 콘텐츠로 분류되었을 것이라는 점
다) AI 검색 시대 고품질 콘텐츠는 사용자가 궁금해할 만한 질문에 대한 명확한 답변이 되어야 하는데, 이는 기존 방식대로 SEO 최적화 작업을 하면 자연스럽게 따라오는 결과물이라는 점

위 내용을 종합해 보면 변화하는 검색 환경에 준비를 하는 것은 필요하지만, SEO 최적화가 된 기존 고품질 콘텐츠는 AI 검색 환경에서도 고품질 콘텐츠일 가능성이 높습니다. 따라서 기존 변호사들의 온라인 마케팅 자산이 무용해진다는 것은 논리적 비약일 수 있다는 생각이 들었습니다.

오히려 기존 SEO에 고품질인 콘텐츠를 유지하면서 잠재적 의뢰인들의 AI 검색의 여정을 추가로 설계하면서 대비하는 것이 필요합니다.

다만, 변화하는 AI 검색 시대에 대비는 해야겠죠.

그럼 어떻게 대비할 수 있을까요?

1. 기존 SEO 서비스를 탄탄히 하면서 AI 친화적인 요소 추가하기

잠재 의뢰인들이 AI 검색에 할 질문을 예상하면서 해당 내용이 변호사 블로그 포스팅에 해당 내용이 포함되도록 Q&A 섹션을 추가하거나, AI 답변에 인용될 수 있는 내용으로 콘텐츠를 작성합니다.

2. AI 노출 모니터링 하기

AI 모드나 AI에서 검색할 때 우리 법무법인, 법률사무소가 어떻게 인용되는지를 모니터링하고 어떻게 보완해야 할지 고민하는 것이 필요합니다.

3. AI에서 변호사를 검색할 때 고객의 여정을 예상해 보기

잠재적 의뢰인이 변호사를 검색해서 우리 법률사무소를 찾을 때까지의 여정을 예상하고, AI가 고객에게 변호사를 추천할 때 필요한 내용들을 명확하게 정리하여 콘텐츠에 포함시키는 것이 중요합니다.

프롤로그

Chapter 01. 개업 전 준비: 전략적인 시작을 위한 AI 활용

Chapter 02. 마케팅 – 손이 아닌 AI로 콘텐츠를 쓰다

Chapter 03. 영업 – DB를 살아 움직이게 만들기

Chapter 04. 수임 - 계약부터 입금까지 자동화하기

Chapter 05. 사건 수행 - 문서 작성과 일정의 AI 혁신

Chapter 06. 고객 관리 – 사건 종료 이후 수익을 재창출할 수 있는 자산 만들기

부록

개업 전 준비:
전략적인 시작을 위한 AI 활용

01

CHAPTER

1.1 나에게 맞는 AI A to Z, Airtable to Zapier

"나도 트렌드를 따라 AI를 좀 써볼까 하는데 종류가 뭐가 이렇게 많아? 그런데 어떤 변호사는 이런 툴들을 쓰고 있고 이런저런 방식으로 조합해서 여러 방면에서 활용한다는데, 어디부터 손대야 하지?"

현재 수많은 AI가 서비스되고 있으며, 많은 변호사들이 이를 다양하게 활용해 자신의 업무에 여러 방식으로 활용하고 있습니다. 이에 많은 AI들이 뭐가 있으며, 주변 변호사들이 많이들 쓴다는 것에는 어떤 특징들이 있는지 아래에서 간단히 소개하고자 합니다. 이후 각 장은 간단한 AI들의 활용법 외에 존재하는 많은 AI들을 사용하기 위한 가이드맵과 같습니다. 김변호사에서는 여러 변호사들과 함께 써보고, 활용방법과 발전방향을 고심하였고, 쉽게 이해할 수 있는 다양한 사례 중 일부를 이 책을 보는 변호사님들께 권해드립니다.

1.1.1 "이 많은 AI 툴들… 전부 다 알아야 하나요?"

"ChatGPT, Claude, Gemini, Perplexity, SuperLawyer…"

AI에 관심은 많지만, 낯선 이름들 앞에서 막연한 부담을 느끼는 분들도 계실 겁니다. 마치 '새로운 법령'이나 개정된 특별법 등을 처음 접했을 때나, 태어나서 처음 로스쿨에서 그 많은 법조문과 판례들을 마주했을 때처럼요. 하지만 걱정하지 마세요! 이 AI 도구들이란, 마치 서류 작업용 워드, 엑셀처럼 기능에 따라 필요한 몇 가지만 골라 조합해 쓰면 되는 도구들입니다.

1.1.2 변호사를 위한 AI 추천 Q&A 10선

아래 질문 10개는 대표적으로 변호사들이 AI를 활용할 때 자신의 취향 또는 필요에 따라 잘 활용할 수 있는 AI를 간단히 알아볼 수 있는 질문들입니다.

어떤 부분이 자신에게 필요한지 표시해 보고, 다음 장에서 소개하는 툴 조합법을 참고해 본인에게 알맞은 AI 활용법을 찾아보세요.

그림 1-1

질문	추천 AI 도구
Q1. 검색 정확도가 최우선이고, 없는 판례나 결과를 뱉어내는 일명 '환각현상(hallucination)'은 피하고 싶다면?	AiLex, Perplexity, Perplexity Comet
Q2. 구글 드라이브, Gmail 등 구글 서비스 중심으로 일하고 있어서 맥, 아이폰, 애플워치를 묶어서 활용하듯이 쓰고 싶다면?	Gemini

Q3. 이것저것 활용하기가 좀 귀찮아. 설령 비용이 좀 들더라도, 하나의 도구로 대부분의 업무를 해결하고 싶다면?	**ChatGPT, 인라인 AI**
Q4. 송무 사건 위주로 일하며, 비교적 저렴하면서도 강력한 도구 하나만 쓴다면?	**SuperLawyer**
Q5. 판결문 요약하는 일이 잦네. 대법원 판결문처럼 긴 문서를 깔끔하게 요약하고 싶다면?	**Claude**
Q6. 이전에 수임했던 사건 기일이 오랜만에 다가왔어. 복잡한 사건이나 쟁점 흐름을 시각적으로 정리하고 싶다면?	**Lucidchart/Miro**
Q7. 홍보자료나 의뢰인용 카드뉴스, 설명 자료를 만들 일이 많아. 이를 쉽고 예쁘게, 전문적으로 보이게 만들고 싶다면?	**Canva**
Q8. 개인정보 보호이슈가 걱정 돼. 개인정보가 포함된 판결문이나 많은 서류에서 민감한 정보를 자동으로 가리고 싶다면?	**maskara.ai**
Q9. 서면작성에 방해될 정도로 단순업무가 많다고 느껴지네. 사건이나 계약 정보 등을 체계적으로 정리하고, 단순반복 업무를 자동화까지 하고 싶다면?	**Grok, NotebookLM**
Q10. 서면작성 외에도 관련 법리나 판례 등을 리서치 + 학습 + 정리를 한번에 하고 싶다면?	**NotebookLM**

질문별로 실제 많이 사용되는 AI들을 정리해 두었습니다. 본인에게 적합한 AI가 보이시나요? 다음 장에서 각 툴에 대한 간단한 소개를 읽어보고, 조합 또는 활용해 보세요.

1.1.3 한눈에 보는 AI 툴 지도

"뭐든 분류하고 정리하는 습관이 직업병인가 생각이 들 때쯤, 아 나도 일반적인 변호사구나 깨닫는 순간들이 슬프고 웃기다."

아래에는 본서에서 주로 다루는 AI를 포함한 총 21가지의 AI입니다. 이 도구들은 활용 목적에 따라 크게 세 가지로 구분할 수 있습니다. ① 정보 정리형 ② 창작·문서 제작형 ③ 업무 자동화형 이 분류를 통해 변호사들은 지금 당장 필요한 영역이 어디인지, 그리고 어떤 도구부터 시도하면 좋을지 쉽게 판단할 수 있습니다.

그림 1-2

분류	도구명 (ABC 순)	간단 설명
1. 정보 정리형 AI	AiLex	한국 법률·판례 리서치 특화 AI. 판례 검색, 법리 분석 및 간결한 요약 제공
	ChatGPT	판례 해설부터 계약서 리뷰, 의뢰인 상담문 초안까지, 대부분의 업무에 활용 가능한 만능형 도구
	Claude	장문 판결문 요약, 고급 자연어 처리에 강함
	Gemini	구글이 만들어 구글 기반 리서치 특화형 AI
	Grok	X(트위터) 데이터를 기반으로 최신 동향·뉴스·사회 이슈를 빠르게 탐색·정리할 수 있는 AI
	LBOX AI	판결문 요약 및 법리 분석에 특화된 AI
	NotebookLM	문서 분석·마인드맵·음성요약까지 지원하며, 쟁점별로 정리 및 타임라인·마인드맵까지 만들어주는 연구 노트

	Notion AI	업무 노트와 일정 관리를 도와주는 'AI 비서 겸 정리 도구'
	Perplexity	짧고 정확한 답변과 함께 '근거 링크'를 꼭 보여주는 검색형 도구
	Perplexity comet	Perplexity의 리서치 특화 버전. 학술·판례 검색에서 정확도와 맥락 이해도가 강화됨
	SuperLawyer	국내 실무 사례와 유사 판례 검색, 자동 요약 및 법률문서 초안 작성이 가능한 판례 특화 AI

2. 창작/문서 제작형	Canva	피피티, SNS 카드뉴스, 포스터 등 시각자료를 클릭 몇 번으로 만드는 디자인 도우미
	Copy.ai	소개 문구, 마케팅 이메일, 블로그 글 등 짧은 문서를 '척척' 써주는 도구
	Lucidchart	조직도, 흐름도, 법률 관계도 등을 그려주는 다이어그램 전문 도구. 사건 관계도, 법률 구조 흐름도 시각화에 용이
	maskara.ai	판결문이나 문서 속 개인정보를 자동으로 지워주는 실무에 유용한 마스킹 도구
	Midjourney	텍스트 기반 고화질 AI 이미지 생성 도구, 간단한 문장만으로 법정·계약 상황 이미지까지 만들 수 있음
	인라인 AI	워드·구글독스에서 인라인으로 작동해 초안 작성, 수정·보완을 실시간으로 도와주는 AI

3. 업무 자동화형	Airtable	사건, 고객 DB 관리 특화 스프레드시트. 엑셀처럼 생겼지만, 훨씬 유연하고 시각적인 업무 데이터 정리 도구
	Make	다양한 앱을 연결하는 자동화 워크플로우 도구(예: 의뢰인 설문 응답 → 요약정리 → Notion에 자동 정리)

	Miro	화이트보드처럼 쓰는 협업형 마인드맵 도구, 팀 회의 등 전략 설계·아이디어 정리에 유용
	Zapier	이메일, 캘린더, 노션 등 자동화 연결 도구

1.1.4 실무에 맞춘 AI 조합 활용법

AI 툴들을 새로운 비서, 변호사 후배, 웹 디자이너라고 생각해 보세요. 모든 도구를 다 쓸 필요는 없습니다. 필요한 방향에 맞게 2~3개만 잘 조합해도 충분히 훌륭한 워크플로우가 완성됩니다. 여기서 제시하는 AI 조합은 하나의 예시일 뿐이니, 같은 성격의 정보 정리형 AI나 자동화형 AI로 짜맞춰 자신에게 가장 적합한 조합을 쉽게 찾을 수 있습니다. 조합의 예시는 아래와 같습니다.

1) 판결문 브리핑 + 의뢰인에게 판결내용 요약 안내가 필요할 때

변론기일을 마친 후 진행 상황을 의뢰인에게 요약해 전달하거나, 판결 선고 후 결과를 알기 쉽게 설명해야 하는 경우가 있습니다. 이럴 때 판결문을 분석해 핵심을 요약하고, 시각 자료까지 함께 만들어 전달하면 훨씬 효과적입니다.

조합: NotebookLM + ChatGPT + Canva

① **NotebookLM**에 판결문 PDF 및 관련 법령 파일을 업로드 → 브리핑 문서, FAQ, 타임라인, 마인드맵, 'Audio Overview' 자동 생성

② **NotebookLM** 요약본과 핵심 쟁점을 **ChatGPT**에 입력 → 의뢰인용 쉽게 이해 가능한 요약안내문 생성

예: "이 사건 핵심 쟁점 세 가지를 의뢰인이 이해하기 쉬운 용어로 3 문장 요약해 줘"

③ **Canva**에 **ChatGPT**가 생성한 요약문을 카드뉴스 템플릿에 적용. 판결 핵심 요점, 의뢰인 권리 안내를 시각적으로 구성하여 배포 자료 제작

위처럼 판례 분석, 문서 요약, 카드뉴스 제작까지 한 번에 진행할 수 있습니다. 하나의 툴로도 전 과정을 처리할 수도 있지만, 세 가지 툴을 조합하면 훨씬 완성도 높은 결과물이 나옵니다. 실제로 간단한 판례로 시도해 보면 그 차이를 바로 체감할 수 있습니다.

특히 NotebookLM의 자세한 사용법에 대해서는 본서 '**5.2 NotebookLM과 함께 하는 효율적 리서치**'에서 확인할 수 있습니다(p.130 참조).

2) 신규 법률 이슈 조사 + 시각화 + 사건 정리가 필요할 때

기존 업무 외에 법률 제·개정 이슈가 있거나, 신규 법률이 있어 이에 관한 리서치 및 보고서가 필요한 상황입니다. 이에 AI에 법률 이슈를 검색해 관련자료를 시각화 및 쟁점정리 초안을 맡길 수 있습니다.

조합: Gemini 또는 Perplexity + Lucidchart + Notion AI

① **Gemini 또는 Perplexity**에 "한국과 OECD 국가의 AI 개인정보 보호규제 비교" 질문 입력 → 리서치 보고서를 생성

② **Lucidchart**에 **Gemini** 리서치 결과를 입력, 국가별 규제 흐름도 및 체계도 시각화 요청

③ **Notion AI**에 **Lucidchart** 도식, **Gemini** 리포트 요약본을 Notion AI에 입력, 자동 요약 및 키포인트 정리로 마무리

이 방식은 신규 입법 이슈가 생겼을 때 빠르게 보고서를 작성해서 팀 회의 준비, 대응 방향 수립, 의뢰인 설명 자료 준비에 매우 효율적인 방식입니다.

3) 변론기일 진행상황 통보서, 판결선고 안내 등 반복 업무 간소화

사무실을 운영하면서 또는 사건을 수행하면서 처리해야 할 단순반복 업무를 자동화해서 불필요한 업무시간을 줄이고 싶은 경우 활용할 수 있습니다.

조합: Claude + Copy.ai + Zapier

① Claude에 준비서면이나 변론기일 내용 또는 선고 시 판결문 개인정보보호화 후 업로드 → 핵심 핵심 쟁점 요약 및 분석

② Copy.ai에 Claude 요약본을 입력하고, 의뢰인 안내 이메일, 블로그 업데이트, 내외부 알림용 콘텐츠 초안 생산을 요청

③ Zapier에 Copy.ai 출력물을 Zapier와 연결하여 자동 이메일 전송
예: 새로운 안내문 생성 시 변호사 사무실 내부 팀에 자동 알림 발송

단순히 위에서 소개한 예시 외에도 여러 간단한 업무들을 자동화하여 비용 절감, 효율적인 업무시간 활용을 할 수 있습니다.

1.1.5 AI '부담'이 아닌 '길잡이'로

위에서 간단히 살펴본 내용은 다양한 AI를 이해하기 위한 기초적인 길잡이에 불과합니다. 이어지는 각 장에서는 변호사님들이 "쉽게 이해하고, 바로 활용할 수 있도록" 실제 상황별 구체적인 예시와 함께 도구들의 사용법을 소개합니다. 각 장에서 안내드리는 내용 중 필요한 부분을 순서에 따라 한번 해보셔도 좋을 것 같습니다. AI는 변호사의 판단을 대신하는 존재가 아니라, 선택과 결정을 더 정교하게 만들어 주는 조력자입니다.

AI는 업무를 빼앗는 적이 아니라, 시간을 되돌려주는 도구입니다. 이름이 낯설고 복잡해 보여도 핵심은 단순합니다. **"필요한 것만, 필요한 순간에, 필요한 만큼."**

1.2 AI로 나만의 포지셔닝 정리하기

개업 전에 반드시 정해야 할 것들이 있습니다. 어디서 개업할지, 경쟁사는 누구인지, 어떤 고객층을 대상으로 할지, 내 브랜드를 어떻게 세울지, 그리고 시장에서 통할 만한 차별점을 무엇으로 내세울지입니다. 이런 요소들을 잘 정리해 두는 것은 매우 중요합니다. 아래에서 그 방법들을 소개하겠습니다.

1.2.1 경쟁사 분석부터 - Perplexity와 ChatGPT 활용

경쟁사 분석은 개업 전략의 출발점입니다. 앞서 설명한 Perplexity를 먼저 활용해 보겠습니다.

"ㅇㅇ지역 형사 전문 로펌 블로그와 홈페이지 최근 글을 정리해 줘"라고 입력하면, 어떤 사건 유형을 강조하는지, 최신 글이 얼마나 자주 올라오는지, 주요 키워드가 무엇인지 곧바로 알 수 있습니다.

프롬프트 예시(ChatGPT)

위 결과를 ChatGPT에 복사 및 입력해 SWOT 분석을 요청하면 다음과 같이 정리됩니다.

> 위 자료는 '대전 지역 형사 전문 로펌 블로그와 홈페이지 최근 글을 정리해줘'를 입력해 얻은 내용이야. 이를 바탕으로 SWOT 분석을 해줘.

위처럼 더 나은 응답을 ChatGPT가 나에게 물어보고, 더 알맞은 방향으로 답변을 제공하려고 하고 있음을 볼 수 있습니다. 이 과정을 통해 며칠 동안 변호사가 직접 조사해야 할 내용을 하루 만에 요약할 수 있고, 자연스럽게 "나는 어떤 포인트에서 차별화할 것인가"라는 전략을 세울 수 있습니다. 그럼 기본적인 다른 업체들을 파악했으니, 이제 본격적인 시장조사를 해보겠습니다.

그림 1-3

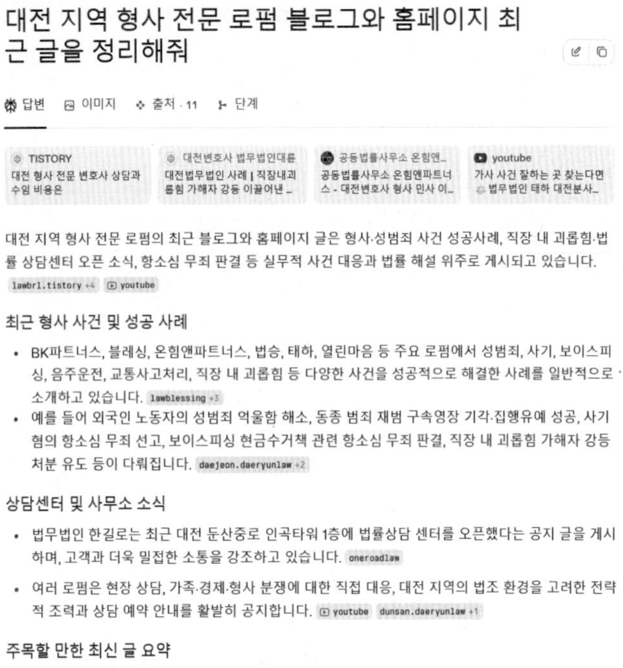
대전 지역 형사 전문 로펌 블로그와 홈페이지 최근 글을 정리해줘

답변 이미지 출처 · 11 단계

TISTORY
대전 형사 전문 변호사 상담과 수임 비용은

대전변호사 법무법인대륜
대전법무법인 사례 | 직장내괴롭힘 가해자 강등 이끌어낸 ...

공동법률사무소 온힘앤...
공동법률사무소 온힘앤파트너스 - 대전변호사 형사 민사 이...

youtube
가사 사건 잘하는 곳 찾는다면 법무법인 태하 대전분사...

대전 지역 형사 전문 로펌의 최근 블로그와 홈페이지 글은 형사·성범죄 사건 성공사례, 직장 내 괴롭힘·법률 상담센터 오픈 소식, 항소심 무죄 판결 등 실무적 사건 대응과 법률 해설 위주로 게시되고 있습니다. lawbrl.tistory +4 youtube

최근 형사 사건 및 성공 사례

- BK파트너스, 블레싱, 온힘앤파트너스, 법승, 태하, 열린마음 등 주요 로펌에서 성범죄, 사기, 보이스피싱, 음주운전, 교통사고처리, 직장 내 괴롭힘 등 다양한 사건을 성공적으로 해결한 사례를 일반적으로 소개하고 있습니다. lawblessing +3
- 예를 들어 외국인 노동자의 성범죄 억울함 해소, 동종 범죄 재범 구속영장 기각·집행유예 성공, 사기 혐의 항소심 무죄 선고, 보이스피싱 현금수거책 관련 항소심 무죄 판결, 직장 내 괴롭힘 가해자 강등 처분 유도 등이 다뤄집니다. daejeon.daeryunlaw +2

상담센터 및 사무소 소식

- 법무법인 한길로는 최근 대전 둔산중로 인곡타워 1층에 법률상담 센터를 오픈했다는 공지 글을 게시하며, 고객과 더욱 밀접한 소통을 강조하고 있습니다. oneroadlaw
- 여러 로펌은 현장 상담, 가족·경제·형사 분쟁에 대한 직접 대응, 대전 지역의 법조 환경을 고려한 전략적 조력과 상담 예약 안내를 활발히 공지합니다. youtube dunsan.daeryunlaw +1

주목할 만한 최신 글 요약

로펌명	주요 최근 글/사례 요약
BK파트너스	대표·부대표 직접 사건 처리, 형사·이혼 전문, 최근 상담 및 수임 비용정보 lawbrl.tistory
블레싱	성범죄 허위고소 구속영장 기각, 집행유예 성공, 항소심 전략 등 lawblessing
온힘앤파트너스	사기·명예훼손·보이스피싱 무죄, 집행유예 등 다양한 성공사례 onhim
대전법무법인	직장내괴롭힘 피해자 조력, 가해자 강등 처분 사례, 사건 전략 5가지 daejeon.daeryunlaw
태하	형사·가사·민사 직접 대응, 상담 예약, 대전 법적 분쟁 해결 강조 youtube
한길로	상담센터 오픈 공지, 쾌적한 환경 강조 oneroadlaw
법승	음주운전, 교통사고, 디지털 성범죄 등 감형·무죄·피해회복 성공사례 lawwin

특징 및 경향

- 주요 로펌들은 개별 성공사례 소개, 실질적인 피해 회복, 최신 법률 대응 전략 등 실무 중심의 정보를 자주 블로그·홈페이지에 게재합니다. onhim +3
- 지역 사건 동향 분석, 법조 환경 적응 전략, 피해사 실질적 권익 회복을 위해 최신 판례 및 사건 경험을 공유합니다. lawbrl.tistory +1 youtube
- 상담센터 오픈, 접근성 강화 등 고객 중심 서비스 개선 소식도 빠르게 알리고 있습니다. dunsan.daeryunlaw +1

대전 형사 전문 로펌의 최근 온라인 콘텐츠는 실제 사건 해결 중심, 신뢰도 높은 법률 지원, 서비스 개선 등의 내용을 위주로 구성되어 있으므로 실질적인 사건 해결·상담을 원하는 이들에게 유익한 자료가 될 수 있습니다. lawwin +6 youtube

관련

- 최근 대전 형사전문 로펌들이 가장 많이 다룬 범죄 유형은 무엇인가요 +
- 각 로펌이 소개한 최신 무죄·감형 성공 사례의 핵심 차이는 무엇인가요 +
- 대전 로펌들이 제시한 형사 사건 초기사업 대응 전략의 공통점은 무엇인가요 +
- 앞으로 대전 지역 형사 수사·재판 트렌드는 어떻게 바뀔 가능성이 있나요 +
- 제 사건에 적용할 때 제가 우선 확인해야 할 최신 판례나 자료는 무엇인가요 +

1.2.2 본격적인 시장 조사 – 타깃 고객 정의하기

개업 초기에는 단순히 "형사 사건 합니다", "이혼 사건 봅니다" 정도로는 부족합니다. 실제로 어떤 고객이 찾아오는지 구체적으로 그려야 상담 톤과 블로그 문구를 정할 수 있습니다. 이때 Perplexity를 활용하면 훨씬 쉽습니다. 예를 들어 "○○지역 이혼 상담 주요 고객군"이라고 검색하면, 연령대 · 주요 고민 · 상담 방식 같은 정보가 한눈에 정리돼 나옵니다. 직접 통계를 찾거나 기사를 스크랩할 필요 없이 핵심만 뽑아주는 거죠.

그림 1-4

ChatGPT 신규 버전에 피드백을 주고 계십니다.

어떤 응답이 더 마음에 드시나요? 응답을 불러오는 데 약간 시간이 걸릴 수 있습니다.

응답 1

좋습니다. 주신 자료를 토대로 **대전 지역 형사 전문 로펌들의 최근 온라인 콘텐츠 경향에 대한 SWOT 분석**을 정리해드릴게요.

SWOT 분석

1. Strengths (강점)

- **실무 중심의 성공사례 공개**
  성범죄, 사기, 보이스피싱, 음주운전, 직장 내 괴롭힘 등 실제 사건 해결 사례를 풍부하게 공개하여 잠재 의뢰인에게 **신뢰도와 전문성**을 강조.
- **판결 결과·전략 구체 제시**
  구속영장 기각, 집행유예, 무죄 판결 등 '성과 중심 메시지'를 통해 **변호사의 실질적 역량**을 부여줌.
- **지역 밀착형 서비스**
  둔산 법조타운 내 상담센터 오픈, 현장 상담, 예약 안내 등으로 **접근성 강화**.
- **다양한 전문 분야 커버**
  형사뿐 아니라 이혼·가사·민사까지 포함해 **원스톱 법률 서비스** 강조.
- **온라인 홍보 적극성**
  블로그·홈페이지·유튜브 등을 통한 **콘텐츠 발신력 확보**.

2. Weaknesses (약점)

- **차별성 부족**
  성공사례·무죄·집행유예 등 콘텐츠 패턴이 유사하여 **개별 로펌의 차별화 어려움**.
- **법률 해설의 깊이 부족**
  일반인이 이해하기 쉽게 작성되었으나, **전문적 법리 분석보다는 홍보용 성격**이 강해 보임.
- **성과 중심 홍보의 리스크**
  '무죄·감형 성공' 등 지나치게 결과만 강조할 경우 **사건 특수성을 무시한 오해 가능성**.
- **브랜드 스토리 부재**
  변호사 개인의 철학·전문적 경험보다는 사건 나열 위주라 **브랜드 정체성 약화**.

3. Opportunities (기회)

- **지역 기반 신뢰 형성**
  대전·충청권에서 형사 전문 로펌 수요가 꾸준히 증가 → **지역 대표 로펌으로 포지셔닝 기회**.
- **사회적 이슈 대응 가능**
  성범죄, 직장 내 괴롭힘, 디지털 범죄 등 **사회적 관심 사건**을 통한 홍보 효과 극대화.
- **온라인 검색 최적화(SEO)**
  성공사례 중심 콘텐츠는 검색 유입에 유리 → **사건별 키워드 마케팅** 강화 가능.
- **상담센터 운영 확산**
  오프라인 거점을 활용해 **'신뢰성 있는 지역 밀착 상담 로펌'** 이미지 구축.

4. Threats (위협)

- **과도한 경쟁**
  여러 로펌이 유사한 방식(성공사례·무죄 강조)으로 콘텐츠를 운영 → **차별화 어려움 및 가격 경쟁 심화**.
- **광고 규제 리스크**
  대한변협 광고심사 기준 강화로 인해 **성공사례 중심 홍보의 제재 위험** 존재.
- **성과 미보장 불만 가능성**
  온라인에서 본 무죄·집행유예 사례와 달리 실제 사건이 불리하게 끝날 경우, **의뢰인의 불만 및 신뢰 하락** 가능.
- **대형 로펌·전국 브랜드 확산**
  수도권 대형 로펌이나 '전국 단위 브랜드 로펌'의 대전 진출 시 **지역 시장 잠식 위험**.

응답 2

좋습니다. 정리해주신 **대전 지역 형사 전문 로펌 블로그·홈페이지 최근 콘텐츠**를 바탕으로 SWOT 분석을 해드릴게요.

SWOT 분석 – 대전 지역 형사 전문 로펌 온라인 콘텐츠

1. Strengths (강점)

- **풍부한 성공사례 공개**
  성범죄, 사기, 보이스피싱, 음주운전 등 다양한 분야에서 무죄·감형·집행유예 성과를 적극 홍보 → **실제 사건 해결 능력 입증**.
- **지역 밀착형 전략**
  대전 사건 동향, 지역 법조 환경을 고려한 상담 및 대응 강조 → **지역 신뢰도 제고**.
- **다양한 전문분야 커버**
  형사 외에도 가사·민사·노무(직장 내 괴롭힘)까지 확장 → **원스톱 법률 서비스 가능**.
- **고객 접근성 강화**
  상담센터 개소, 예약 안내, 쾌적한 환경 홍보 → **상담 진입 장벽 낮춤**.

2. Weaknesses (약점)

- **차별성 부족**
  여러 로펌이 유사한 성공사례(성범죄, 보이스피싱, 음주운전 등) 중심 → **브랜드별 독자성 약화**.
- **온라인 콘텐츠의 과도한 사건 중심성**
  성공사례 위주라 **법률적 인사이트·칼럼형 콘텐츠 부족** → 잠재 고객에게 정보 제공보다는 홍보로 보일 위험.
- **디지털 마케팅 전략 미흡**
  블로그·홈페이지 외 SNS·영상·리뷰 플랫폼 활용은 제한적 → 젊은 층·외국인 고객 접근성 떨어짐.
- **성과 홍보 편중**
  '승소' '무죄' 위주 노출 → 패소·합의 사례, 예방 차원의 조력 등 균형적 이미지 부족.

3. Opportunities (기회)

- **지역 내 법률 수요 증가**
  직장 내 괴롭힘, 디지털 성범죄, 경제범죄 등 신종 사건 증가 → **전문화된 콘텐츠 제작 기회**.
- **온라인 상담 확대 추세**
  비대면 상담·AI 상담 보조 도입 시 경쟁 우위 가능.
- **지역 언론·커뮤니티와 연계**
  성공사례 및 법률 해설을 지역 언론·유튜브·네이버TV 등에 노출 시 **인지도 상승**.
- **외국인·다문화 인구 대상 시장**
  외국인 노동자 사건(성범죄 등) 사례를 다룬 점은 차별화 가능 → **다국어 콘텐츠 제작 기회**.

4. Threats (위협)

- **경쟁 과열**
  대전 지역 다수 로펌이 비슷한 형사 전문 마케팅 → **가격 경쟁·과도한 사건 홍보 경쟁 우려**.
- **광고 규제 강화**
  변호사 광고 심사 강화, 성공사례 과장·선정적 홍보에 대한 규제 가능성 → **리스크 관리 필요**.
- **고객의 불신 요소**
  '모두 승소한다'는 인식이 형성되면 오히려 신뢰성 저하 가능.
- **서울 대형 로펌 진출**
  온라인 상담·지방 분사무소 확대 시 지역 기반 로펌의 입지 약화 우려.

☑ **정리하면,**

- **강점**은 풍부한 성공사례와 지역 밀착성,
- **약점**은 차별화 부족과 디지털 마케팅 미흡,
- **기회**는 신종 사건 수요·외국인 사건 시장,
- **위협**은 경쟁 과열·광고 규제입니다.

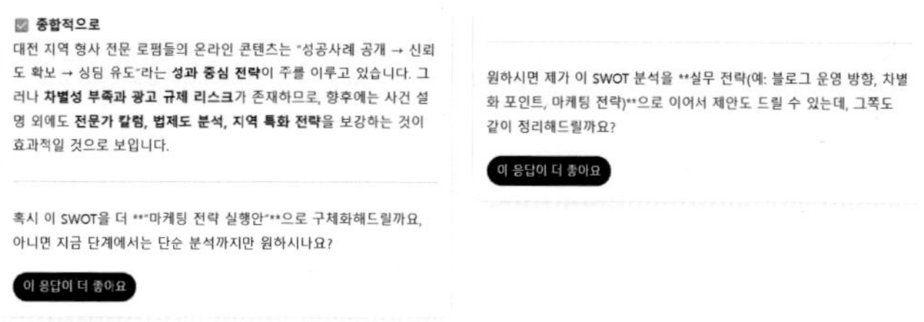

그다음엔 이 자료를 ChatGPT에 입력해 보세요. 그러면 "40대 여성, 양육권 분쟁 고민, 주로 지인 추천으로 상담, 신속성과 친절을 중시" 같은 식으로 내 사건·내 지역에 맞춘 페르소나가 완성됩니다.

이렇게 정리한 타깃 고객은 단순한 메모가 아니라, 블로그 문구·상담 톤·광고 방향까지 바꿔놓습니다. 다시 말해, "누구를 상대로 말하는가"를 명확히 아는 순간부터 마케팅 전략 전체가 달라집니다.

그래서 첫 단계로 Perplexity를 활용해 보겠습니다.

"○○지역 이혼 상담 주요 고객군을 알려줘."

그림 1-5

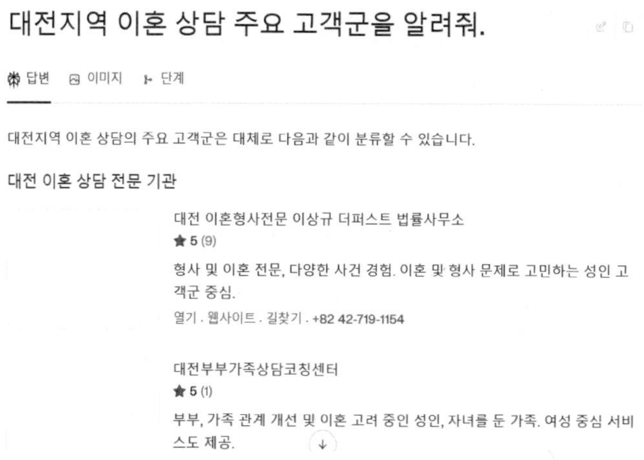

실제 이혼 상담 문의에서는 아래와 같은 주요 고객군이 많습니다.

- 실질적 혼인관계 파탄이나 배우자의 외도, 가정폭력 등으로 이혼·상담을 고려하는 **30~50**대 성인 남녀
- 재산 분할, 양육권·면접교섭, 친권 등 법적 권리분쟁에 관심있는 미성년 자녀를 둔 부모, 특히 여성
- 소송·협의이혼 모두 경험하는 다양한 소득·직업층 (공공기관, 기업인, 자영업자, 무직 등)
- 외국인 배우자·다문화 가정 관련 국제이혼 문제 상담 고객군
- 사회적 취약계층(저소득·사회적 약자)은 대한법률구조공단 등 무료상담기관 이용 비율 높음

대전지역은 대형 법률사무소와 함께 여성 변호사, 가족상담센터, 법률구조기관 등이 고르게 분포해 있으므로, 가족 단위 문제나 경제적 취약 고객군, 성별 특수 고민 등 다양한 고객군을 폭넓게 지원하고 있습니다.

상담 과정에서는 재산의 분배, 양육권, 가정폭력 및 외도, 상간 소송, 혼인취소/무효 등 전문적 법률 상담 수요도 높으며, 최근에는 온라인 상담과 방문 서비스, 여성 중심 상담 등 고객 특성을 반영한 서비스가 확대되고 있습니다.

좀 일반적인 답변뿐이네요. 약간 아쉽습니다. 이럴 땐 관련질문에서 쓸만한 탭을 선택해 어떤 결과가 나오는지 다시 한번 살펴보겠습니다.

위 관련질문의 결과보다는 원하는 답에 가까워졌습니다. Perplexity의 장점답게 출처도 달려있고요. 물론 타 업체들의 자료이긴 하지만, ChatGPT에 한번 활용해 봅시다.

그림 1-6

관련

- 대전에서 이혼 상담 의뢰가 많은 연령대는 어떻게 되는지 +
- 주로 상담받는 당사자 성별 비율은 어떻게 되는지 +
- 경제적 취약층(저소득·실업자)의 상담 비중은 어느 정도인지 +
- 이혼 유형별(합의·쟁송·위자료·양육권) 고객 분포는 어떻게 되는지 +
- 상담 후 법률구조공단이나 민간변호사 선택 비율은 어떻게 되는지 +

이혼 유형별(합의·쟁송·위자료·양육권) 고객 분포는 어떻게 되는지

답변 이미지 출처 · 14 단계

대전변호사 법무법인대륜 대전조정이혼 전문변호사가 알려주는 조정이혼 - 대전변...

이혼전문변호사 대전이혼전문변호사 있는 법무법인에서 상담 좀 받아보려...

법무법인(유한) 대륜 장래 양육비 받아내 | 대륜

법무법인(유한) 대륜 대... 대전이혼전문변호사

대전지역의 이혼 유형별(합의·쟁송·위자료·양육권) 고객 분포는 유형별로 뚜렷한 특성을 보입니다. daejeon.daeryunlaw +3

합의이혼 고객

- 주로 **30~50**대 맞벌이 부부로, 배우자와의 실질적 관계파탄 또는 성격차이 등을 사유로 상담이 이뤄집니다. ezkim-law +1
- 재산분할, 친권, 양육권 문제에서 큰 갈등 없이 원만하게 타협하는 경향이 있습니다. daejeon.daeryunlaw
- 경제적·시간적 부담을 줄이기 위해 조정이혼(합의+법원조정)을 우선적으로 선택하는 비율이 높습니다. daejeon.daeryunlaw

쟁송(재판)이혼 고객

- 외도, 가정폭력, 부정행위, 생활비 미지급 등 심각한 분쟁 사안을 중심으로 다양한 연령층이 상담을 찾아오는 비중이 높습니다. daeryunlaw +1
- 증거 수집, 상대방 동의 거부, 재산분할 갈등 등으로 여성, 특히 미성년 자녀가 있는 모친의 상담 비율이 증가하는 추세입니다. ezkim-law +1
- 경제적으로 자립 가능한 30~60대 고객에서 많이 발생하며, 재산 분할이나 양육권 등 금전적·자녀 관련 쟁점이 주요 상담 사유입니다. daejeon.daeryunlaw +1

위자료 중심 이혼 고객

- 주로 외도, 상간자 문제, 배우자 부정행위 피해 여성(30~50대) 고객이 높습니다. daeryunlaw-divorce +1
- 전문 변호사 상담을 통해 증거확보, 소송 전략, 위자료 산정 등에 대한 전문적 지원을 필요로 하는 경우가 많습니다. daeryunlaw-divorce
- 위자료와 함께 재산분할에 대한 민감한 분쟁까지 병행하는 사례가 흔합니다. daejeon.daeryunlaw

양육권 쟁점 고객

- **미성년 자녀를 둔 부모, 특히 여성(양육권자)**의 상담 비율이 높습니다. daeryunlaw-inherit +1
- 양육비 지급 거부, 자녀 학대·방임, 면접교섭 문제, 자녀와의 거주여건 조정 등 실무적인 문제가 주요 상담 이유입니다. daeryunlaw-inherit
- 이혼 후 자녀의 정서적 트라우마, 생활비 확보에 대한 상담이 빈번하며, 1인 여성 세대 및 경제적 약자도 많습니다. daeryunlaw-inherit

요약표

이혼유형	주요 고객군	비중 특성
합의이혼	30~50대 맞벌이 부부	원만, 시간·비용 중시 daejeon.daeryunlaw
쟁송이혼	30~60대, 여성 다수	외도, 폭력, 재산분할 쟁점 ezkim-law +1
위자료	30~50대 여성	상간자, 외도 피해자 daeryunlaw-divorce +1
양육권	여성, 미성년 자녀 둔 부모	자녀 생활/정서·비용 문제 daeryunlaw-inherit +1

대전지역은 유형별로 여성, 미성년 자녀, 맞벌이 가정, 고령층 등 다양한 고객군이 골고루 분포하며, 각 유형별 상담 수요와 특성이 확인됩니다. daeryunlaw +4

프롬프트 예시(ChatGPT)

○○지역 이혼 유형별 고객 분포를 페르소나 형식으로 정리해 주세요.
항목: 연령대, 고민, 상담 채널, 변호사 선택 기준
예: "40대 여성, 양육권 분쟁 고민, 주로 지인 추천 통해 상담, 신속성, 친절성을 중시"

이혼 유형별로 고객분포를 대략적으로 파악했는데, 맨 마지막 줄에 광고문구로도 제안해 준다고 하네요. 해당 결괏값도 한번 받아보겠습니다.

위처럼 블로그 홍보를 위한 타깃 세그먼트 전략도 제안해 주고, 블로그 연간 콘텐츠 기획표까지 제안해줍니다. 첫 Perplexity 입력값이 어떤지에 따라 더 좋은 답변과 방향성을 가질 수 있습니다. 이처럼 기본적인 질문으로도 이전에는 혼자 몇 시간 또는 수일을 걸려야 정리할 수 있었던 내용과 자료를 손쉽게 얻을 수 있습니다.

그림 1-7

위 이혼 유형별 고객 분포를 페르소나 형식으로 정리해 주세요.
항목: 연령대, 고민, 상담 채널, 변호사 선택 기준.
예: "40대 여성, 양육권 분쟁 고민, 주로 지인 추천을 통해 상담, 신속성과 친절성을 중시."

좋습니다 👍 주신 대전 지역 이혼 유형별 고객 분포 내용을 기반으로 **페르소나(Persona) 형식**으로 정리해 드릴게요.

📌 **대전 지역 이혼 유형별 페르소나 정리**

1. 합의이혼 고객

- **연령대:** 30~50대 맞벌이 부부
- **고민:** 성격 차이, 관계 파탄, 재산분할·친권·양육권 조율을 원만하게 해결하고 싶음
- **상담 채널:** 온라인 검색, 로펌 홈페이지, 전화 예약 → 비교 후 방문
- **변호사 선택 기준:** 비용 합리성, 조정 절차 경험, 신속 처리

↓

2. 쟁송(재판)이혼 고객

- **연령대:** 30~60대, 여성 비중 높음 (특히 미성년 자녀가 있는 모친)
- **고민:** 외도, 가정폭력, 생활비 미지급, 상대방 동의 거부, 재산분할 및 양육권 쟁점
- **상담 채널:** 지인 추천, 법률구조공단·로펌 홈페이지, 오프라인 상담
- **변호사 선택 기준:** 증거 수집 역량, 재판 경험, 여성 사건 대응 전문성, 적극적 변론 태도

---

3. 위자료 중심 고객

- **연령대:** 30~50대 여성
- **고민:** 배우자 외도, 상간자 소송, 위자료 산정 문제, 재산분할 병행
- **상담 채널:** 인터넷 검색("상간자 소송", "위자료 변호사"), 온라인 상담 후 내방
- **변호사 선택 기준:** 위자료 소송 경험, 판례·전략 설명 능력, 철저한 증거 준비 지원

---

4. 양육권 쟁점 고객

- **연령대:** 미성년 자녀 둔 30~40대 여성, 1인 여성 세대 및 경제적 약자 포함
- **고민:** 양육비 미지급, 자녀 학대·방임, 면접교섭 분쟁, 자녀 정서적 안정 문제
- **상담 채널:** 지인 소개, 지역 복지기관·법률상담센 ↓ 온라인 후기 검색
- **변호사 선택 기준:** 아동 친화적 접근, 양육권 소송 경험, 정서적 공감 능력, 비용 부담 완화

☑ 정리하면,

- **합의이혼 고객**은 *비용·시간 효율성*을 중시하는 실용적 성향,
- **쟁송이혼 고객**은 *법정 다툼에서 이길 수 있는 전략·경험*을 최우선,
- **위자료 고객**은 *증거·전략 중심의 전문성*,
- **양육권 고객**은 *공감·아동 중심 접근*을 변호사 선택 기준으로 삼는 특징이 있습니다.

혹시 이 페르소나를 **마케팅용 타깃 세그먼트 전략**(예: 콘텐츠 주제·광고 문구 제안)으로 확장해드릴까요?

1.2.3 브랜딩 문구와 차별화 포인트 정리

이제 경쟁사 분석도 하고, 내 고객이 누군지도 알게 됐습니다. 그렇다면 다음 단계는 바로 나만의 문구, 즉 브랜딩입니다. 고객이 명함이나 홈페이지 첫 문장을 봤을 때 "아, 이 변호사는 이런 사람이구나" 하고 기억하게 만드는 한 줄이 꼭 필요합니다.

이 작업도 ChatGPT가 생각보다 잘해 줍니다. 예를 들어 "형사·가사 사건 중심, 고객은 친절과 신속성을 중시"라고 입력해 보면 이런 결과가 나옵니다.

> "끝까지 함께하는 든든한 조력자 ○○변호사"
> "빠른 대응, 믿음을 주는 변호사"

"가족과 삶을 지켜주는 법률 파트너"

보시면 아시겠지만, 혼자 고민하면 하루 종일 안 나오는 표현도 금방 제안해 줍니다. 여기서 더 다듬고 싶다면 Copy.ai로 문구를 조금 더 부드럽게 만들거나, Claude로 간결하게 줄이면 바로 실전에서 쓸 수 있는 문장이 완성됩니다.

프롬프트 예시(ChatGPT)

> 나는 ○○지역에서 형사 · 가사 사건을 주로 맡는 변호사입니다.
> 고객은 친절함과 신속성을 중시합니다.
> 로펌 소개 문구 3가지를 제안해 주세요.
> 조건: 간결하고 기억하기 쉽게

그림 1-8

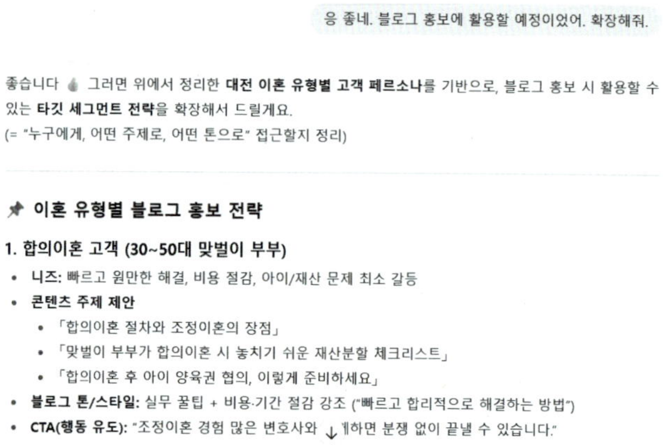

2. 쟁송이혼 고객 (30~60대, 여성 비중 높음)

- **니즈:** 외도/폭력 입증, 재산분할·양육권 확보, 법정에서 이길 수 있는 전략
- **콘텐츠 주제 제안**
  - 「외도·가정폭력 이혼 소송에서 승소하려면 꼭 필요한 증거」
  - 「대전 지역 쟁송이혼 실제 사례: 어떻게 무죄를 입증했나」
  - 「이혼 재판에서 여성에게 불리한 상황을 뒤집은 방법」
- **블로그 톤/스타일:** 전문적 + 강한 어조 ("치밀한 전략과 경험으로 법정에서 승부합니다")
- **CTA:** "증거 확보부터 판결까지, 전문 변호사가 함께합니다."

---

3. 위자료 중심 고객 (30~50대 여성)

- **니즈:** 배우자 외도·상간자 소송, 위자료 액수 극대화, 철저한 증거 준비
- **콘텐츠 주제 제안**
  - 「상간자 소송, 위자료 청구 성공 사례」
  - 「위자료 액수 결정에 영향을 미치는 5가지 요소」
  - 「외도 증거 수집, 법원에서 인정받으려면 어떻게 해야 할까?」
- **블로그 톤/스타일:** 공감형 + 전문성 강조 ("억울함을 끝까지 책임집니다")
- **CTA:** "위자료 청구 소송 경험 많은 변호사와 함께하세요."

4. 양육권 쟁점 고객 (30~40대 여성, 미성년 자녀 둔 부모)

- **니즈:** 자녀 정서적 안정, 양육비 확보, 면접교섭 분쟁 해결
- **콘텐츠 주제 제안**
  - 「양육권 분쟁, 법원이 가장 중요하게 보는 기준은?」
  - 「양육비 지급 거부 시 법적 대응 방법」
  - 「이혼 후 아이 정서 회복을 위한 실질적 법적 조치」
- **블로그 톤/스타일:** 따뜻하고 보호자 입장에서 설명 ("아이의 행복을 지키는 변호사")
- **CTA:** "아이의 권리를 지키는 변호사와 함께 하세요."

🎯 블로그 운영 확장 전략

1. **사례 중심 → 검색 최적화(SEO)**
   - "대전 합의이혼 절차", "대전 위자료 소송", "대전 양육권 분쟁" 등 **지역+키워드** 조합 활용.
2. **고객 맞춤형 콘텐츠 시리즈화**
   - 예: "합의이혼 A to Z", "양육권 분쟁 Q&A", "위자료 소송에서 자주 묻는 질문".
3. **공감+전문성 균형**
   - 여성 고객 비중이 높은 만큼, "공감적 어투(내 일처럼 함께한다)"와 "전문성(실제 사례와 법리 설명)"을 조화.
4. **CTA 명확화**
   - 각 글 마지막에 상담 예약 버튼/연락처 안내 삽입 ("실제 사례에 맞는 상담은 직접 받아보세요").

👉 이렇게 정리하면 블로그 콘텐츠가 단순 홍보용이 아니라, **각 유형별 고객이 검색할 만한 키워드 + 공감 메시지 + 성공사례**를 담아 **곧바로 상담 연결**로 이어지게 할 수 있습니다.

원하시면 제가 이걸 **블로그 연간 콘텐츠 기획표(월별/주제별)** 형태로 짜드릴 수도 있는데, 그 방향으로도 확장해드릴까요?

이렇게 만들어둔 한 줄이 명함·블로그·광고에 반복적으로 쓰이면, 시간이 지날수록 고객의 머릿속에 여러분의 브랜딩이 확실히 각인됩니다. 결국 "나만의 차별화 포인트"

가 구체적인 문장으로 드러나는 순간부터, 다른 로펌과는 다른 길을 가게 되는 겁니다.

1.2.4 AI로 개업 준비 단순화하기 - 활용 흐름

AI는 하나하나 따로 쓰기보다 흐름을 연결해 사용할 때 진짜 힘을 발휘합니다.

예를 들어,

1. Perplexity로 경쟁사 블로그·판례·기사 조사 → 지역 법률 수요 파악
2. ChatGPT로 조사 결과 구조화 → SWOT, 고객 페르소나 정리
3. Gemini로 운영 기반 정리 → 캘린더 일정, 드라이브 문서 관리
4. Claude로 장문 자료 요약 → 블로그 글, 소개 문구로 재가공

이 네 단계를 차례로 돌려주면, 며칠씩 걸리던 준비가 하루 만에 정리됩니다. 외주 맡길 일도 줄고, 초반부터 전략과 운영이 일관되게 맞춰지니 훨씬 수월해지죠.

프롬프트 예시(Gemini)

> 구글 캘린더와 연동해, 형사 사건 상담 일정을 등록·알림 받을 수 있는 방법을 단계별로 설명해 주세요.

그림 1-9

구글 캘린더와 연동하여 형사 사건 상담 일정을 등록하고 알림을 받는 방법을 단계별로 안내해 드릴게요. 이 방법은 컴퓨터와 모바일 기기 모두에서 편리하게 사용할 수 있습니다.

1단계: 상담 일정 등록하기

먼저, 상담 일정을 구글 캘린더에 추가해야 합니다.

- **구글 캘린더 접속**: 웹브라우저에서 구글 캘린더에 접속하거나, 스마트폰에 설치된 구글 캘린더 앱을 엽니다.
- **새로운 일정 추가**: 화면 왼쪽 상단의 **만들기** 버튼을 클릭하거나, 모바일 앱에서 오른쪽 하단의 **'+'** 버튼을 누릅니다.
- **일정 정보 입력**:
  - **제목**: '김○○ 피의자 상담'과 같이 상담 내용을 한눈에 알아볼 수 있도록 구체적인 제목을 입력합니다.
  - **날짜 및 시간**: 상담이 예정된 정확한 날짜와 시간을 설정합니다.

이와 같은 방법으로 구글 캘린더를 활용하면 중요한 형사 사건 상담 일정을 체계적으로 관리하고, 중요한 알림을 놓치지 않을 수 있습니다.

- **날짜 및 시간**: 상담이 예정된 정확한 날짜와 시간을 설정합니다.
- **장소**: '법무법인 ○○ 회의실' 또는 '서울지방검찰청' 등 상담 장소를 입력하여 나중에 쉽게 확인할 수 있도록 합니다.
- **참석자 추가**: 상담을 함께하는 변호사나 사무원 등 관련자의 이메일 주소를 입력하면 해당 참석자들에게도 일정이 자동으로 공유됩니다.

2단계: 알림 설정하기

일정을 등록한 후에는 중요한 상담을 잊지 않도록 알림을 설정해야 합니다.

- **알림 옵션 찾기**: 일정 편집 화면 하단의 **알림** 옵션을 찾습니다.
- **알림 방식 선택**:
  - **알림**: 팝업 알림으로 설정하여 정해진 시간에 기기 화면에 알림이 나타나게 할 수 있습니다.
  - **이메일**: 이메일로 알림을 받도록 설정할 수 있습니다.
- **알림 시점 설정**: '5분 전', '10분 전', '1일 전' 등 원하는 시점을 선택할 수 있습니다. 상담 당일뿐만 아니라, 하루 전에도 알림을 설정해 미리 준비할 시간을 확보하는 것이 좋습니다.
- **알림 추가**: 필요에 따라 알림을 여러 개 추가할 수도 있습니다. 예를 들어, '1일 전 이메일 알림'과 '30분 전 팝업 알림'을 모두 설정할 수 있습니다.

3단계: 연동 및 관리하기

구글 캘린더는 다양한 기기와 자동으로 연동되므로 한 번만 등록하면 여러 기기에서 편리하게 관리할 수 있습니다.

- **자동 동기화**: 컴퓨터에서 일정을 등록해도 스마트폰 캘린더 앱에 자동으로 나타납니다.
- **위젯 활용**: 스마트폰 홈 화면에 구글 캘린더 위젯을 추가하면 앱을 열지 않아도 다가오는 일정을 한눈에 확인할 수 있어 편리합니다.
- **파일 첨부**: 상담 관련 서류(예: 사건 번호, 상담 내용 초안 등)를 구글 드라이브에 업로드하고 일정에 첨부하면, 언제든지 관련 서류를 쉽게 찾아볼 수 있습니다.

1.2.5 AI를 활용한 효율적 개업 준비

결국 AI를 제대로 활용하면 개업 준비에서 얻는 이점이 확실합니다. 첫째, 며칠 걸리던 조사·분석을 하루 만에 끝낼 수 있으니 시간 절약이 되고, 둘째, 외부 업체에 맡기지 않아도 되니 비용 절감효과가 크며 셋째, 경쟁사와는 다른 차별화된 포지셔닝을 빠르게 잡을 수 있고, 마지막으로 정리한 타깃 고객 페르소나 덕분에 맞춤형 브랜딩으로 신뢰를 쌓을 수 있어, 이렇게 쌓인 자료와 문구들이 결국 내 사무실만의 장기적 자산으로 남습니다.

이처럼 AI는 개업 전략을 단단하게 만들어주는 동반자입니다. 처음엔 낯설더라도 몇 번만 활용해 보면 곧 업무 흐름 속에 자연스럽게 녹아듭니다. 특히 정보와 전략이 핵심인 변호사 업무에서는 AI는 곧 경쟁력으로 이어집니다. 혼자 고민하며 시간을 낭비하기보다, AI의 도움을 받아 빠르고 정확하게 준비해 보세요. 그 과정에서 자연스럽게 "나는 어떤 변호사인가"라는 정체성도 더 선명해질 것입니다.

김변호사의
스마트한 AI 활용법 II

마케팅 – 손이 아닌 AI로 콘텐츠를 쓰다

02
CHAPTER

2.1 네이버 블로그, MCP로 똑똑하게 운영하기

"로펌 블로그를 더 많은 사람들에게 노출하려면 어떻게 해야 할까요? 요즘 기업들이 주목하는 법률 이슈는 무엇일까요?"

이런 고민, 한 번쯤 해보신 적 있으시죠? 글만 열심히 쓰는 게 다가 아니라는 것, 이젠 다들 아실 텐데요. 하지만 바쁜 업무 중에 트렌드 분석하고, 경쟁사 블로그까지 찾아보는 건 정말 힘든 일입니다.

이럴 때 우리 변호사님들을 도와줄 수 있는 아주 특별한 AI 도구가 있습니다. 바로 MCP(Model Context Protocol)입니다. 이 MCP 서버를 통해 네이버 서치 API와 Claude를 연동하면, 마치 똑똑한 AI 비서를 둔 것처럼 기업법무 전문 로펌의 네이버 블로그를 훨씬 더 효율적으로 운영할 수 있습니다.

이번 장에서는 MCP가 무엇인지부터, 어떻게 설치하고, 실제로 기업법무 로펌 블로그 트렌드 분석에 어떻게 활용할 수 있는지까지 하나하나 설명드리겠습니다.

2.1.1 MCP, AI의 능력을 확장하는 열쇠

MCP(Model Context Protocol)는 쉽게 말해, **AI 모델이 우리 컴퓨터나 외부 웹사이트의 정보, 심지어 다른 프로그램까지**

마음껏 쓸 수 있게 해주는 특별한 통로입니다. Anthropic에서 발표한 이 혁신적인 기술 덕분에 Claude 같은 똑똑한 AI도 단순히 자기가 배운 것만 말하는 게 아니라, 필요한 정보를 실시간으로 찾아보고, 다른 서비스와도 협력할 수 있게 된 거죠. 이는 마치 브라우저가 확장 프로그램을 통해 기능을 확장하듯, AI가 외부 리소스와 연결되어 능력을 확장하는 개념과 유사합니다.

예전 AI들은 자기가 학습했던 데이터 안에서만 놀았어요. 그래서 최신 정보나 실시간 상황은 잘 몰랐죠. 하지만 MCP가 생기면서 AI는 마치 우리가 인터넷 검색하듯 최신 정보를 찾아오고, 다른 프로그램(API)을 불러와서 처리하기도 한답니다.

변호사에게 MCP가 왜 중요할까요? 바로 **네이버 서치 API를 활용해서 최신 법률 트렌드를 파악하고, 경쟁 로펌은 블로그에 어떤 글을 쓰는지 분석하고, 잠재 고객들이 요즘 어떤 법률 문제에 관심을 갖는지 실시간으로 모니터링**할 수 있기 때문입니다. 이런 귀한 정보들은 변호사님 블로그의 콘텐츠를 기획하고, 마케팅 전략을 세울 때 아주 탄탄한 밑바탕이 되어줄 수 있습니다.

2.1.2 네이버 서치 MCP로 블로그 트렌드 분석하기

이번에는 네이버 서치 MCP를 활용해서 우리 로펌 블로그의 경쟁력을 키우는 방법을 알아보겠습니다(네이버 오픈 API MCP 설치 방법은 부록에 있으니 참고하세요!).

네이버 서치 MCP를 통해 변호사님들이 실제로 할 수 있는 것들은 생각보다 훨씬 다양하고 실용적입니다. 단순히 검색 결과만 확인하는 것이 아니라, 법무 시장의 트렌드를 파악하고 고객이 진짜 궁금해하는 법률문제가 무엇인지 데이터로 확인할 수 있습니다.

■ 트렌드 파악이 로펌 블로그 성공의 핵심

로펌 블로그의 성패는 결국 **트렌드를 얼마나 잘 파악하느냐**에 달려있습니다. 네이버 데이터랩을 활용한 마케팅 전략에서도 강조하듯이, 잠재 고객들이 요즘 어떤 법률 이슈에 관심을 갖는지 정확히 아는 것이 좋은 콘텐츠를 만드는 첫 걸음입니다.

네이버 서치 MCP를 사용하면 **실시간으로 다양한 법률 관련 키워드의 검색 트렌드**를 파악할 수 있습니다. 예를 들어 '기업 합병', '주주대표소송', 'ESG 경영', '데이터 보호법' 같은 기업법무 핵심 키워드들이 요즘 얼마나 검색되는지, 검색량이 어떻게 변하는지 실시간으로 모니터링할 수 있습니다.

■ 실전 활용: 경쟁사 블로그 트렌드 분석

이제 다른 기업법무 블로그에서 어떤 주제를 다루고 있는지 트렌드를 파악해 봅시다.

다음과 같은 프롬프트를 Claude에 입력해 보겠습니다.

> 법무법인 블로그에 올릴만한 주제를 찾고 싶어. 그 전에 다른 기업법무 전문 네이버 블로그에는 최근 어떤 글들을 올렸는지 분석하고 싶어.

네이버 서치 MCP가 작동하여 네이버 블로그에 있는 여러 기업법무 관련 글들을 자동으로 분석하고, 최근 트렌드를 정리한 종합 리포트를 만들어줍니다. 이를 통해 경쟁사들이 어떤 주제에 집중하고 있는지, 어떤 키워드가 인기인지 한눈에 파악할 수 있어 우리만의 차별화된 콘텐츠 전략을 세울 수 있습니다.

그림 2-1

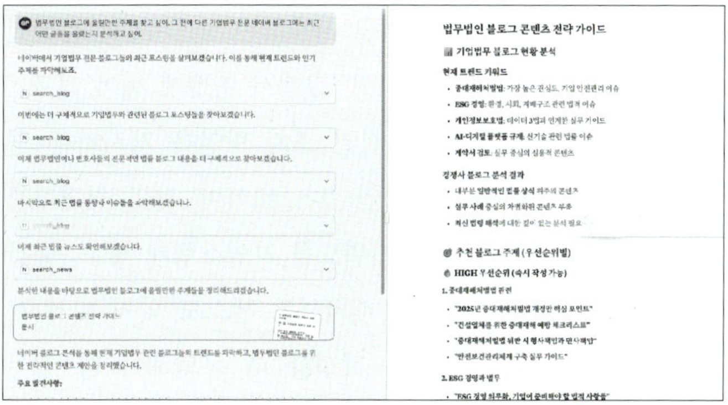

이렇게 네이버 MCP의 블로그 검색 기능을 활용하면 **경쟁 로펌들의 콘텐츠 전략**도 분석할 수 있습니다. 똑같은 키워드로 상위권에 있는 다른 법무법인 블로그 포스트를 분석해서, '이런 식으로 접근하는 게 효과적이구나' 하고 파악할 수 있죠. 이건 우리 로펌만의 차별화된 콘텐츠를 만드는 데 아주 좋은 밑거름이 될 겁니다.

2.1.3 변호사 홍보, AI로 신뢰감 있게 업그레이드 하기

수집된 트렌드 데이터를 바탕으로 실제로 매력적인 홍보 글을 쓰는 게 중요하겠죠? 법무법인의 콘텐츠 마케팅 전략에서도 강조하듯이, **변호사님의 전문성을 바탕으로 유용한 정보를 제공하는 것이 핵심**입니다.

클로드와 네이버 서치 MCP를 함께 쓰면 특정 주제에 대한 최신 정보를 실시간으로 가져와서 전문적인 글을 쓸 수 있어요. 예를 들어 "**스타트업 기업과 투자유치제안서**"라는 글을 쓸 때, 관련 뉴스 기사, 전문가 의견, 그리고 실제 기업들의 반응까지 종합적으로 수집해서 균형 잡힌 시각의 콘텐츠를 만들 수 있습니다.

홍보 글은 독자의 시선을 사로잡는 도입부, 전문적인 법률 분석이 담긴 본문, 그리고 '그래서 어떻게 해야 하죠?'라는 물음에 답해주는 실무적인 조치 방안을 제시하는 결론부로 구성하는 게 효과적입니다. 네이버 검색 최적화를 위해 글의 첫 부분에 **핵심 키워드를 자연스럽게 넣고, 중간중간 관련 키워드를 적절히 배치하는 센스**도 잊지 마세요!

가령 투자유치제안서를 작성할 때 유의해야 할 실무 체크리스트에 대해서 서술하고 싶다고 할 때, 다음과 같은 프롬프트를 작성해 보았습니다. 이 프롬프트 구조는 주제만 변경하면 다른 분야에도 응용할 수 있습니다.

다만 주의할 점이 있습니다. 구체적인 내용 없이 주제만 입력하면 AI가 부정확한 정보를 대량 생성할 위험이 높습니다. 따라서 본인이 직접 내용을 준비해야 하며, 생성된 결과물에 허위 정보가 있지는 않은지 철저히 검수해야 합니다.

너는 일반 대중을 대상으로 글을 쓰는 변호사야. 아래에 제공된 전문 법률 지식을 기반으로 네이버 블로그 스타일의 콘텐츠를 써줘.

다음 주제를 바탕으로, 네이버 블로그에 올릴 수 있는 '줄글 중심의 실무형 콘텐츠'를 작성해 줘.

스타일 가이드

- 체크리스트나 요약이 아닌 줄글 중심의 구성으로 써줘
- 도입부는 "질문"이나 "공감되는 상황"으로 시작해 줘
- 중간에는 실제 스타트업 실무 사례나 현실에서 일어나는 갈등 예시를 넣어줘
- 소제목은 넣되, 목차 같은 느낌 없이 자연스럽게 이어지는 글처럼
- 마지막에는 내용을 정리하면서, 조심해야 할 실수나 실무 팁, 그리고 행동 유도(Call to Action)로 마무리
- 문체는 전문성 있으면서도 딱딱하지 않게, 부드러운 조언자 느낌으로 써줘
- 너무 AI 티 나지 않게, 사람이 직접 쓴 느낌을 내는 게 중요해

• 주제: 투자유치제안서 작성 시 반드시 검토해야 할 6가지 체크리스트
• 포함될 내용: 첨부파일 제공

이 방법을 활용하면 전문성과 대중성을 겸비한 블로그 콘텐츠를 효과적으로 제작할 수 있습니다.

그림 2-2

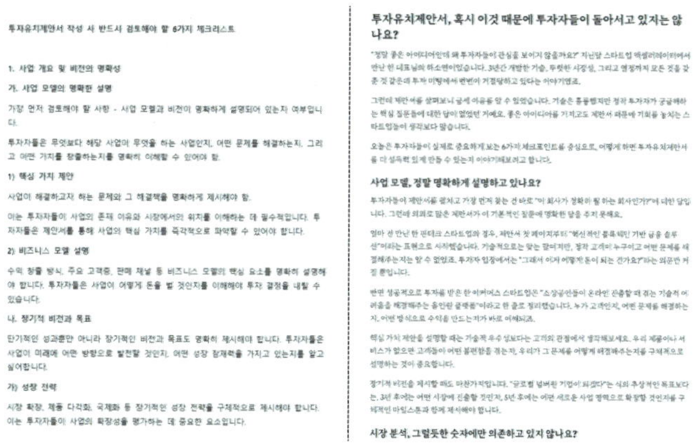

투자유치제안서 작성 시 반드시 검토해야 할 6가지 체크리스트

1. 사업 개요 및 비전의 명확성

가. 사업 모델의 명확한 설명

가장 먼저 검토해야 할 사항 - 사업 모델과 비전이 명확하게 설명되어 있는지 여부입니다.

투자자들은 무엇보다 해당 사업이 무엇을 하는 사업인지, 어떤 문제를 해결하는지, 그리고 어떤 가치를 창출하는지를 명확히 이해할 수 있어야 함.

1) 핵심 가치 제안

사업이 해결하고자 하는 문제와 그 해결책을 명확하게 제시해야 함.

이는 투자자들이 사업의 존재 이유와 시장에서의 위치를 이해하는 데 필수적입니다. 투자자들은 제안서를 통해 사업의 핵심 가치를 즉각적으로 파악할 수 있어야 합니다.

2) 비즈니스 모델 설명

수익 창출 방식, 주요 고객층, 판매 채널 등 비즈니스 모델의 핵심 요소를 명확히 설명해야 합니다. 투자자들은 사업이 어떻게 돈을 벌 것인지를 이해해야 투자 결정을 내릴 수 있습니다.

나. 장기적 비전과 목표

단기적인 성과뿐만 아니라 장기적인 비전과 목표도 명확히 제시해야 합니다. 투자자들은 사업이 미래에 어떤 방향으로 발전할 것인지, 어떤 성장 잠재력을 가지고 있는지를 알고 싶어합니다.

가) 성장 전략

시장 확장, 제품 다각화, 국제화 등 장기적인 성장 전략을 구체적으로 제시해야 합니다. 이는 투자자들이 사업의 확장성을 평가하는 데 중요한 요소입니다.

투자유치제안서, 혹시 이것 때문에 투자자들이 돌아서고 있지는 않나요?

"정말 좋은 아이디어인데 왜 투자자들이 관심을 보이지 않을까요?" 지난달 스타트업 액셀러레이터에서 만난 한 대표님의 하소연이었습니다. 3년간 개발한 기술, 뚜렷한 시장성, 그리고 열정까지 모든 것을 갖춘 것 같은데 투자 미팅에서 번번이 거절당하고 있다는 이야기였죠.

그런데 제안서를 살펴보니 금세 이유를 알 수 있었습니다. 기술은 훌륭했지만 정작 투자자가 궁금해하는 핵심 질문들에 대한 답이 없었던 거예요. 좋은 아이디어를 가지고도 제안서 때문에 기회를 놓치는 스타트업들이 생각보다 많습니다.

오늘은 투자자들이 실제로 중요하게 보는 6가지 체크포인트를 중심으로, 어떻게 하면 투자유치제안서를 더 설득력 있게 만들 수 있는지 이야기해보려고 합니다.

사업 모델, 정말 명확하게 설명하고 있나요?

투자자들이 제안서를 펼치고 가장 먼저 찾는 건 바로 "이 회사가 정확히 뭘 하는 회사인가?"에 대한 답입니다. 그런데 의외로 많은 제안서가 이 기본적인 질문에 명확한 답을 주지 못해요.

얼마 전 만난 한 핀테크 스타트업의 경우, 제안서 첫 페이지부터 "혁신적인 블록체인 기반 금융 솔루션"이라는 표현으로 시작했습니다. 기술적으로는 맞는 말이지만, 정작 고객이 누구이고 어떤 문제를 해결해주는지는 알 수 없었죠. 투자자 입장에서는 "그래서 이게 어떻게 돈이 되는 건가요?"라는 의문만 커질 뿐입니다.

반면 성공적으로 투자를 받은 한 이커머스 스타트업은 "소상공인들이 온라인 진출할 때 겪는 기술적 어려움을 해결해주는 올인원 플랫폼"이라고 한 줄로 정리했습니다. 누가 고객인지, 어떤 문제를 해결하는지, 어떤 방식으로 수익을 만드는지가 바로 이해되죠.

핵심 가치 제안을 설명할 때는 기술적 우수성보다는 고객의 관점에서 생각해보세요. 우리 제품이나 서비스가 없으면 고객들이 어떤 불편함을 겪는지, 우리가 그 문제를 어떻게 해결해주는지를 구체적으로 설명하는 것이 중요합니다.

장기적 비전을 제시할 때도 마찬가지입니다. "글로벌 넘버원 기업이 되겠다"는 식의 추상적인 목표보다는, 3년 후에는 어떤 시장에 진출할 것인지, 5년 후에는 어떤 새로운 사업 영역으로 확장할 것인지를 구체적인 마일스톤과 함께 제시해야 합니다.

시장 분석, 그럴듯한 숫자에만 의존하고 있지 않나요?

(좌: 주제와 관련하여 수집한 정보 우: Claude로 완성된 블로그 글)

2.1.4 AI 기반 통합 마케팅 전략 세우기

네이버 서치 MCP를 활용한 블로그 마케팅은 단순히 글 몇 개 올리는 걸 넘어서, **로펌의 전체 디지털 마케팅 전략**의 한 부분으로 봐야 합니다. 2025년 네이버 블로그 트렌드에서도 강조하듯이, 변화하는 디지털 환경에 능동적으로 대응하는 전략이 꼭 필요합니다.

정기적으로 트렌드를 모니터링해서 새로운 법률 이슈나 기업들의 관심사를 재빨리 파악하고, 이걸 바탕으로 **콘텐츠 캘린더**를 짜보는 건 어떨까요? 월별, 분기별로 예상되는 법률 이슈들을 미리 알아내서 관련 콘텐츠를 준비하고, 갑작스러운 이슈가 터져도 신속하게 대응할 수 있는 체계를 만드는 겁니다.

네이버 서치 MCP로 수집한 데이터는 블로그 글뿐만 아니라 다른 마케팅 채널에서도 활용할 수 있습니다. 소셜 미디어 게시물, 이메일 뉴스레터, 심지어 세미나 주제를 정할 때도 이런 인사이트를 반영해서 우리 로펌의 메시지를 일관성 있게 전달할 수 있습니다.

네이버 서치 MCP로 수집한 데이터는 블로그 글뿐만 아니라 다른 마케팅 채널에서도 활용할 수 있습니다. 예를 들어 "ESG 경영 의무화" 트렌드를 발견했다면, 네이버 블로그에서는 심층 분석 게시물로, 인스타그램에서는 체크리스트로, 스레드에서는 실시간 해석과 토론으로, 링크드인에서는 B2B 전문 인사이트로 변환할 수 있습니다. 이메일 뉴스레터에서는 업계별 맞춤 요약(IT기업엔 개인정보보호 이슈, 제조업엔 환경규제, 금융사엔 핀테크 규제)으로 세분화해서 발송하고, 세미나나 웨비나 주제를 정할 때도 이런 트렌드 데이터를 반영해서 우리 로펌의 메시지를 일관성 있게 전달할 수 있습니다. 하나의 인사이트로 여러 채널을 동시에 공략하는 원소스 멀티유즈 전략이야말로 효율적인 통합 마케팅의 핵심입니다.

네이버 서치 MCP는 단순히 기술적인 도구를 넘어서, 기업법무 전문 로펌의 디지털 마케팅 역량을 근본적으로 확! 높여줄 수 있는 강력한 해결책이라고 생각되지 않나요? 차근차근 설치하고 운영해 보면 분명 경쟁력 있는 콘텐츠 마케팅 전략을 만들 수 있습니다. 그리고 이는 결국 우리 로펌의 인지도를 높이고, 새로운 고객을 만나는 데 큰 도움이 될 겁니다.

법무 분야의 디지털 전환이 빠르게 진행되고 있는 요즘, MCP처럼 혁신적인 기술을 적극적으로 활용하는 건 이제 '선택'이 아니라 '필수'가 되었습니다. 이 가이드에서 제시된 방법들을 하나씩 적용해 보시면서, 꾸준히 학습하고 개선해서 더욱 효과적인 마케팅 전략을 구축하시길 바랍니다.

다음 장에서는 AI와 함께 블로그를 보다 쉽고 스마트하게 운영해 보겠습니다.

2.2 개업변을 위한 블로그 이미지 제작 가이드

블로그 글을 쓸 때 썸네일 이미지는 필수죠. 또 복잡한 법률 개념이나 답답한 상황을 아무리 쉽게 풀어도, 글만으로는 한계가 있을 때가 있습니다. '이럴 때 이런 이미지 하나 있으면 딱 좋겠다' 하고 떠오르실 때가 있을 텐데요. 바로 그럴 때 유용하게 쓸 수 있는 도구가 Midjourney입니다.

2.2.1 Midjourney, 대체 뭘까요?

Midjourney(미드저니)는 2022년 7월에 세상에 나온 AI 기반 이미지 생성 플랫폼이에요. 쉽게 말해, 변호사님이 글로 "학교폭력 상담을 받는 부모와 아이"라고 설명만 해주면, Midjourney가 알아서 그 이미지를 뚝딱 만들어주는 서비스죠. 단순히 여기저기 있는 이미지를 가져다 붙이는 게 아니라, 정말 세상에 없던 새로운 이미지를 창조해 낸다는 게 놀라운 점입니다.

예전엔 블로그에 쓸 이미지 찾느라 스톡 이미지 사이트를 뒤지거나, 직접 카메라 들고 사진 찍으러 다니는 번거로움을 감수해야 했잖아요? 그런데 Midjourney를 쓰면 "학교폭력 상담을 받는 부모와 아이" 같은 정말 구체적인 상황의 이미지도 몇 분 만에 뚝딱 만들어낼 수 있답니다. 시간 정말 많이 절약되겠죠?

처음엔 Discord라는 채팅 프로그램을 통해서만 쓸 수 있어서 좀 어렵다고 느끼는 분들도 있었지만, 이제는 웹사이트(midjourney.com)에서 직접 사용할 수 있게 돼서 훨씬 편해졌습니다. 아직 영어로 명령(프롬프트)을 입력해야 한다는 점은 있지만, 한번 익숙해지면 변호사 업무에 필요한 이미지를 자유자재로 만들 수 있는 강력한 무기가 될 겁니다.

2.2.2 Midjourney Settings 패널 이해하기

Midjourney를 처음 만나는 변호사님들을 위해 주요 기능들을 차근차근 짚어보겠습니다. 마치 법정에서 처음 변론을 준비할 때처럼, 각 기능의 역할을 정확히 아는 것이 중요합니다.

Midjourney 웹 인터페이스의 Settings 패널은 이미지 품질과 스타일을 조정하는 핵심 도구입니다. 각 영역의 의미를 이해하면, 블로그 콘셉트에 맞는 이미지를 훨씬 정교하게 만들 수 있습니다.

그림 2-3

1. Image Size

- Portrait / Square / Landscape: 이미지 비율을 세로 · 정사각 · 가로로 간편 변경

- 비율 슬라이더: 1:2(세로 포스터형)부터 2:1(가로 배너형)까지 자유 조정

→ 예: 가로형은 블로그 헤더 이미지에, 세로형은 카드뉴스나 포스터에 적합

2. Aesthetics

- Stylization: Midjourney 특유의 예술적 스타일 강도 조정
- Weirdness: 초현실적 · 기이한 요소를 얼마나 넣을지 결정
- Variety: 동일 프롬프트 내 결과물의 다양성 정도 설정

→ 예: 법률 칼럼 썸네일은 Stylization을 낮춰 사실적 느낌, 인터뷰 글은 Stylization을 높여 감각적 연출

3. Model

- Standard / Raw: Standard는 세련된 스타일을 적용, Raw는 사실적인 묘사에 유리
- Version: 최신 V7 모델 기본, Draft 모드로 전환하면 빠르게 시안 제작 가능

→ 예: 초안은 Draft로 빠르게 만들고, 최종 이미지는 Standard로 세부 조정

4. Speed

- Relax / Fast / Turbo: 생성 속도와 GPU 사용량 조정

→ 블로그용 이미지처럼 마감에 쫓기지 않는 작업은 Relax 모드로 무제한 생성

2.2.3 실전 예시: 학교폭력 상담 이미지 제작

이제 실제 Midjourney를 어떻게 쓰는지 예시를 통해 살펴보겠습니다. "학교폭력과 변호사 상담하기 전 고객의 대처"

라는 주제로 블로그 글을 쓴다고 가정하고, 여기에 꼭 맞는 이미지를 한번 만들어보겠습니다.

■ ChatGPT의 도움을 받아 프롬프트 만들기

첫 단계는 Midjourney에게 시킬 명령, 즉 프롬프트를 만드는 것입니다. 이 과정에서 ChatGPT가 큰 도움이 됩니다. ChatGPT에게 이렇게 요청해 보세요.

"midjourney에서 '학교폭력과 변호사 상담하기 전 고객의 대처'라는 주제에 걸맞은 쓸만한 이미지를 생성하고 싶어. 이에 해당하는 이미지 프롬프트를 영어로 작성해 줘."

그러면 ChatGPT가 아마 이런 프롬프트를 제안할 거예요.

> "Realistic digital illustration of a high-school student sitting alone at a wooden desk in a quiet, sunlit classroom, nervously organizing screenshots of bullying messages and handwritten notes before meeting a lawyer; subtle scale-of-justice icon blurred in the background, soft cinematic lighting, hopeful yet tense mood, ultra-detailed, 8K, --ar 3:2 --v 6 --style raw"

그림 2-4

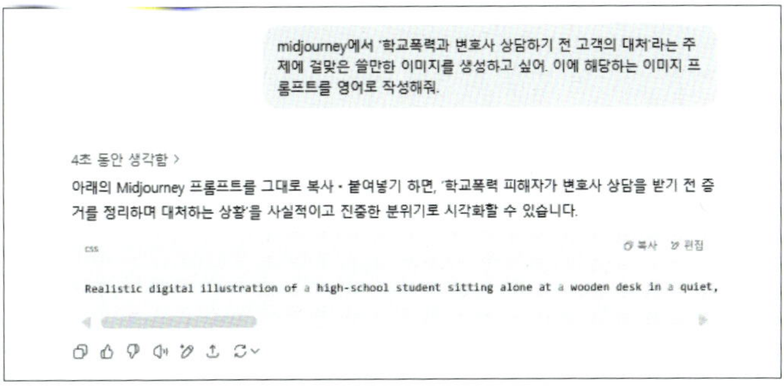

어때요? 벌써 꽤 구체적이죠? 하지만 여기서 한 걸음 더 나아가 더 섬세하게 조절해 볼 수 있습니다.

■ 프롬프트 다듬기, DeepL과 함께라면 문제없죠!

ChatGPT가 제안한 프롬프트를 DeepL에 넣어 번역해 보면서, 내가 원하는 의미가 맞는지 정확히 파악하는 게 중요합니다. 그다음 필요하다면 프롬프트를 좀 더 다듬는 거죠. 예를 들어, 좀 더 따뜻한 분위기를 원한다면 "warm and welcoming atmosphere"를 추가하거나, 특정 요소가 안 나왔으면 좋겠다면 "− −no briefcase"처럼 —no 매개변수를 붙일 수 있습니다.

그림 2-5

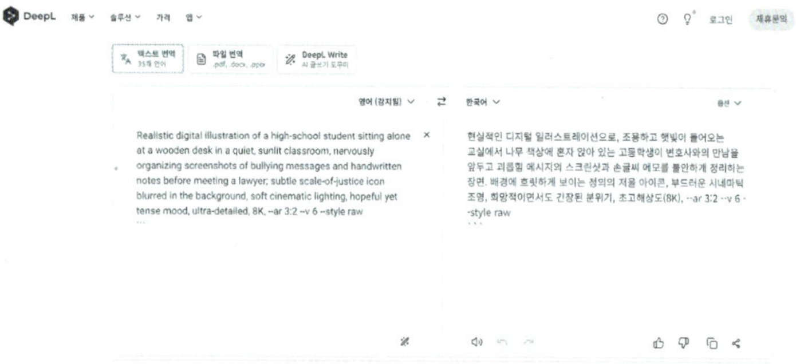

저는 한국의 법무 환경에 맞는 이미지를 원해서 "Modern Korean law office interior"라는 키워드를 추가했습니다.

최종적으로는 이런 프롬프트가 될 수 있습니다:

"Realistic digital illustration of a high-school student sitting alone at a wooden desk in a quiet, sunlit classroom, nervously organizing screenshots of bullying messages and handwritten notes before meeting a lawyer; subtle scale-of-justice icon blurred in the background, soft cinematic lighting, hopeful yet tense mood, ultra-detailed, **Modern Korean law office interior**, 8K, --ar 16:9 --v 6 --style raw"

여기서 --ar 16:9는 가로세로 비율을 16:9로 설정하라는 뜻입니다. 블로그 헤더 이미지로 쓰기 딱 좋은 비율이죠!

■ Midjourney에서 실행하고 결과 확인하기

이제 Midjourney 웹사이트에 우리가 만든 프롬프트를 붙여넣고 엔터! 몇 초만 기다리면 4장의 이미지가 눈앞에 나타날 거예요.

그림 2-6

만들어진 이미지 중에서 마음에 드는 게 있다면 그 이미지를 클릭해 보세요!

그럼 아래와 같은 패널이 있을 겁니다.

그림 2-7

이 패널은 'Creation Actions'와 'Animate image' 메뉴로, 'Creation Actions'는 선택한 이미지를 더욱 세밀하게 조정하고 활용할 수 있는 다양한 기능들을, 'Animate image'는 정적인 이미지에 자연스러운 움직임을 추가하여 짧은 동영상 클립으로 변환해 주는 기능을 제공합니다.

그림 2-8 'Creation Actions' 패널

구역	버튼	기능	언제 쓰면 좋은가
Vary	Subtle	원본을 최대한 유지하면서 작은 변주 4장 생성	색감·조명·소품 등만 살짝 바꾸고 싶을 때
	Strong	구도·콘셉트까지 과감히 바꾼 4장 생성	분위기는 비슷하되 아이디어를 넓히고 싶다면 선택
Upscale	Subtle	해상도 2배 ↑, 디테일 그대로 유지	인쇄·썸네일용 고해상도가 필요하지만 원본 느낌을 살리고 싶을 때
	Creative	해상도 ↑ + 세부 텍스처·빛 번짐 등 자동 보정	더 선명·화려하게 후처리 효과까지 원할 때

More	Rerun	같은 프롬프트로 4장 새로 생성(시드만 변경)	결과가 나쁘진 않은데 다른 시드도 보고 싶다
	Edit	에디터(Zoom Out·Pan·Vary Region 포함)로 바로 이동	한 화면에서 확대·캔버스 확장·부분 수정까지 연속 편집
Use	Image	선택 이미지를 이미지 프롬프트로 붙여 넣기	동일 캐릭터·색조를 다른 작업에 재사용
	Style	선택 이미지를 스타일 레퍼런스로 활용	같은 질감·붓터치를 유지하며 새 장면 생성
	Prompt	원본 프롬프트를 Imagine Bar에 다시 불러오기	키워드만 살짝 고쳐 빠르게 재생성

그림 2-9 'Animate Image' 패널

모드	Low Motion	High Motion	특징
Auto	5초짜리 '잔잔한' 자동 영상	보다 역동적인 카메라 피사체 움직임	클릭 즉시 영상 생성, 텍스트 수정 불가
Loop	부드럽게 반복되는 저속 루프 영상	더 큰 움직임이 있는 루프 영상	시작·종료 프레임이 같아 배너·SNS 스티커에 적합

▪ 이미지 수정, 생각보다 쉬워요!

위 이미지에서 약간의 수정만을 가하고 싶어서 'Vary(Subtle)' 버튼을 눌러보았습니다.

그 결과, 다음과 같이 원본 이미지의 기본 구성과 분위기는 그대로 유지하면서 세부적인 요소들만 살짝 변경된 4개의 새로운 이미지가 생성되었네요.

그림 2-10

▪ AIPRM을 통하여 좀 더 간단하게 미드저니용 프롬프트 만들기

AIPRM은 ChatGPT를 비롯한 다양한 AI 서비스에서 활용할 수 있는 프롬프트 관리 도구입니다. 전 세계 사용자들이 공유한 수천 개의 전문 프롬프트 템플릿을 제공하여, 복잡한 명령어를 직접 작성할 필요 없이 클릭 한 번으로 원하는 결과를 얻을 수 있도록 도와줍니다.

AIPRM 설치 및 사용법

1. **확장 프로그램 설치:** https://www.aiprm.com/에 접속하여 구글 크롬 확장 프로그램을 설치합니다.

그림 2-11

2. **ChatGPT 접속:** 설치 후 ChatGPT에 접속하면 다양한 프롬프트 템플릿 카드들이 화면에 표시됩니다.

그림 2-12

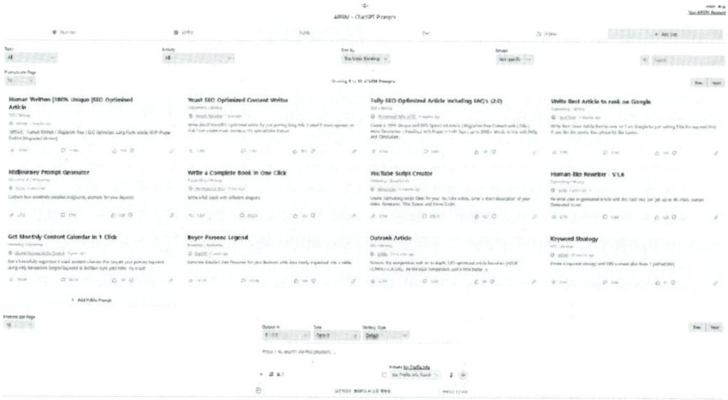

3. **Midjourney 프롬프트 생성:** “Midjourney Prompt Generator” 카드를 선택하고, Ouput 언어를 한국어로 설정한 후 원하는 이미지에 대한 간단한 설명만 입력하면 됩니다. “M&A 인수자문 수임제안서, 협상테이블, 손 흔드는 모습”이라고 입력하면, AIPRM이 자동으로 다양한 Midjourney용 프롬프트를 생성해 줍니다. 내용을 확인한 후 내가 생각하는 이미지에 가장 적합한 프롬프트를 선택해 영어로 써달라고 한 후 Midjourney에 바로 입력하면 됩니다.

그림 2-13

M&A 인수자문 수임제안서, 협상테이블, 손흔드는 모습

25초 동안 생각함 >

Created with AIPRM Prompt "Midjourney Prompt Generator"

/imagine prompt: M&A 인수자문 수임제안서, 협상테이블, 손흔드는 모습, 중앙의 긴 마호가니 협상테이블 위에 펼쳐진 두툼한 제안서와 금박 로고, 양측 CEO가 환한 미소로 서로를 향해 손을 흔드는 극적인 순간, 파노라마 창밖으로 도시 야경이 반짝이는 고층 회의실과 크리스탈 물컵·노트북·부드러운 스포트라이트, 전문적 긴장과 성취의 따뜻함이 공존하는 분위기, 일러스트레이션 디지털 페인팅, Procreate 8K 캔버스 세밀 브러시 스트로크와 소프트 글로우 레이어 블렌딩, --ar 16:9 --niji

/imagine prompt: M&A 인수자문 수임제안서, 협상테이블, 손흔드는 모습, 천연 가죽 제본의 제안서를 중심으로 붉은 체리우드 협상테이블에서 굳은 약속을 다지며 손을 흔드는 양측 대표, 낮은 조도의 클래식 도서관형 회의실 벽면을 가득 채운 법률서적과 황동 샹들리에, 전통적 위엄과 깊은 신뢰가 묻어나는 차분하고 따뜻한 분위기, 회화 유화, 린넨 캔버스 두터운 임파스토와 버니시 마감 60x90cm, --ar 9:16 --v 5

/imagine prompt: M&A 인수자문 수임제안서, 협상테이블, 손흔드는 모습, 반짝이는 회색 대리석 협상테이블 중앙에 놓인 맞춤 제본 제안서와 미소 짓는 파트너들이 가볍게 손을 흔드는 장면, 통유리로 자연광이 쏟아지는 최상층 스카이라운지 회의실 배경의 도심 스카이라인과 흐릿한 구름, 밝고 성공적인 비즈니스 성취의 활기와 자신감, 사진, Canon EOS R5 RF 50mm f/1.2L ISO 100 f/2 1/250s, --ar 16:9 --v 5

/imagine prompt: M&A 인수자문 수임제안서, 협상테이블, 손흔드는 모습, 크롬 디테일의 미래형 유리 협상테이블 위에 홀로그램으로 떠오르는 제안서와 네온 하이라이트 속 실루엣들이 손을 흔드는 순간, 야경이 내려다보이는 초고층 스마트 오피스의 투명 OLED 월과 부드러운 라이트 스트립, 하이테크 혁신과 전략적 동맹의 흥분이 넘치는 에너지, 3D 렌더, Octane Render 32-bit 글로벌 일루미네이션 디테일 8K 얕은 피사계 심도, --ar 16:9 --v 5

영어로 작성해줘

12초 동안 생각함 >

Created with AIPRM Prompt "Midjourney Prompt Generator"

아래는 요청하신 4개의 영어 Midjourney 프롬프트입니다. 각 프롬프트는 한 줄로 작성되어 있으며, 두 줄 공백으로 구분했습니다.

그림 2-14

Miricanvas에서 한글 텍스트 추가하기

생성된 Midjourney 이미지 중 세 번째 이미지를 선택하여 Miricanvas에 배경으로 업로드했습니다. 이제 한글 텍스트를 추가하는 단계만 남았네요.

그림 2-15

텍스트 적용 과정

1. **텍스트 입력**: 필요한 문구를 텍스트 박스에 입력합니다.
2. **AI 추천 적용**: "추천 스타일 적용하기" 버튼을 클릭합니다.
3. **자동 스타일링**: AI가 이미지 톤에 맞는 폰트, 색상, 효과를 자동으로 적용해 줍니다.

그림 2-16

결과적으로 이미지와 완벽하게 조화를 이루는 전문적인 디자인이 완성되었습니다.

이렇게 Midjourney와 Miricanvas를 조합하면 전문 디자이너의 도움 없이도 개업 변호사를 위한 고품질 블로그 이미지를 손쉽게 제작할 수 있습니다. 복잡한 디자인 과정 없이 AI의 도움으로 빠르고 효율적으로 원하는 결과물을 얻을 수 있는 것이 가장 큰 장점이라고 할 수 있겠네요.

2.2.4 결과를 바꾸는 프롬프트 작성 가이드

■ 효과적인 프롬프트 작성, 이 정도는 알아두세요!

좋은 이미지를 얻으려면 결국 프롬프트 작성이 핵심이에요. 마치 법정에서 명확하고 설득력 있는 변론을 하는 것처럼, Midjourney에게도 우리가 뭘 원하는지 명확하게 지시해야 합니다.

- **첫째, 구체적인 키워드를 사용하세요.** 그냥 "lawyer"보다는 "professional lawyer in business suit"가 훨씬 좋고요. "office"보다는 "modern law office with legal books and warm lighting"처럼 구체적으로 묘사하면 훨씬 나은 결과를 얻을 수 있어요.
- **둘째, 원하는 스타일을 명확히 알려주세요.** "professional photography", "documentary style", "corporate environment" 같은 표현을 추가하면 더 전문적인 느낌의 이미지를 만들 수 있습니다.
- **셋째, 원치 않는 요소는 --no매개변수로 빼세요.** 예를 들어 폭력적인 요소가 싫다면 "--no violence, --no

aggressive"를 추가하는 식이죠.

■ 이미지 수정, 고급 기능까지 써볼까요?

Vary(Subtle)과 Vary(Strong) 기능의 차이를 아는 것도 유용해요. Vary(Subtle)은 원본 이미지와 비슷하게 미세한 변화를 주고, Vary(Strong)은 좀 더 과감한 변화를 줍니다.

■ Midjourney, 완벽할까요? 솔직한 한계점!

Midjourney는 정말 강력하지만, 아쉬운 점도 몇 가지 있어요. 가장 큰 한계는 한글 텍스트를 포함한 이미지를 만들 수 없다는 점이에요. "변호사 사무실" 같은 한글 간판이나 "상담 중" 같은 한글 표시가 들어간 이미지는 기대하기 어렵습니다.

또, 특정 인물과 똑같은 모습의 이미지를 만드는 건 어려워요. 저작권이나 초상권 문제 때문에 실존 인물과 너무 흡사한 이미지는 생성되지 않도록 설계되어 있답니다.

마지막으로, 복잡한 법률 용어나 추상적인 개념("손해배상", "법정대리인" 같은)을 직관적인 이미지로 표현하는 것도 쉽지 않아요. 이런 부분은 아직 AI의 한계라고 봐야겠죠.

2.2.5 Midjourney vs DALL · E vs Whisk: 특징과 활용법

변호사님들이 선택할 수 있는 AI 이미지 생성 도구가 Midjourney만 있는 건 아니에요. ChatGPT에 있는 DALL-E나 구글의 Whisk도 이미지 생성 기능을 제공합니다. 각각 어떤 장단점이 있는지 비교해 보겠습니다.

■ Midjourney, 그래서 뭐가 좋은데요?

Midjourney는 현재 이미지 생성 도구 중 가장 높은 수준의 예술적 완성도를 보여줍니다. 특히 사실적이면서도 아름다운 이미지를 만드는 데 탁월하죠. 변호사 사무실이나 법정 장면처럼 전문적인 분위기를 표현하는 데는 Midjourney가 가장 적합하다고 할 수 있습니다.

또한 세밀한 제어가 가능하다는 것이 큰 장점입니다. 다양한 매개변수를 통해 이미지의 비율, 스타일, 품질 등을 정교하게 조절할 수 있고요. 한 번 만든 이미지를 바탕으로 계속해서 수정하고 개선할 수 있는 기능도 뛰어나죠.

하지만 아쉬운 점도 있습니다. 영어 프롬프트에 최적화되어 있어서 우리 한국어 사용자들에게는 여전히 어렵게 느껴질 수 있습니다. 뿐만 아니라 한글 표시가 들어간 이미지를 기대하기 어렵습니다. 무엇보다 구독료가 필요하다는 점도 고려해야 합니다. Basic 플랜은 월 10달러부터 시작해서 Mega 플랜은 월 120달러까지 다양한 옵션이 있습니다.

■ ChatGPT(DALL-E), 뭐가 다를까요?

ChatGPT의 이미지 생성 기능(DALL-E)은 자연어 처리에 강점이 있습니다. 한국어로 프롬프트를 작성해도 찰떡같이 알아듣고 이미지를 만들어줍니다. 텍스트와 이미지를 한 번에 작업할 수 있다는 것도 장점이죠.

예를 들어, "학교폭력 상담 장면을 그려주되, 따뜻하고 안전한 분위기로 해주세요"라고 한국어로 요청해도 적절한 이미지를 생성해 줍니다. 또한 Midjourney에 비해 한글이 포함된 간판이나 문서 등을 비교적 자연스럽게 표현하는 편이어서, 한국적인 상황을 담은 이미지 제작에 유리합니다.

그림 2-17

특히 투명 배경 이미지를 만들 수 있어서 로고나 스티커 제작에 유용하고, 블로그 디자인에 다양하게 활용할 수 있습니다.

그림 2-18

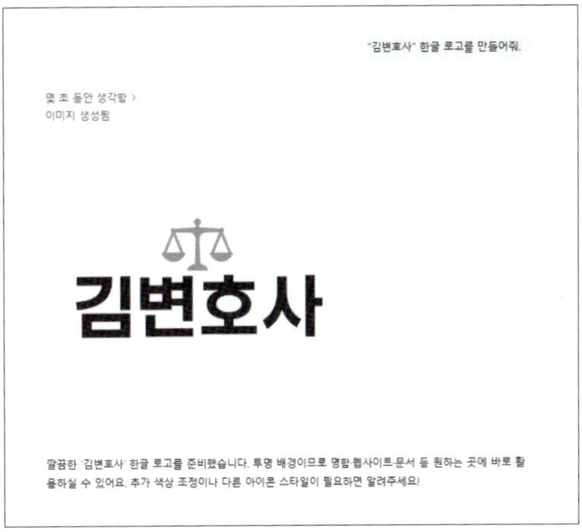

웹에서 바로 쓸 수 있어 접근성이 좋고, ChatGPT Plus 구독자라면 추가 비용 없이 쓸 수 있다는 점도 매력적입니다. 다만, Midjourney에 비하면 예술적인 완성도는 조금 떨어진다고 느낄 수 있습니다.

- **Whisk**

Whisk는 구글이 개발한 이미지 생성 사이트로, 정적 이미지를 자연스러운 애니메이션으로 변환해 주는 기능이 특히 뛰어납니다.

그림 2-19

Midjourney처럼 상세한 묘사형 프롬프트가 필요하므로, ChatGPT를 활용해 프롬프트를 작성해 보시는 것을 권장합니다. 다만 이미지의 자연스러움과 예술적 완성도는 Midjourney보다 다소 아쉬울 수 있습니다.

2.2.6 변호사 블로그 이미지, 전문성을 드러내는 전략

지금까지 배운 내용을 바탕으로 변호사님 블로그에 Midjourney를 어떻게 활용하면 좋을지 구체적인 방법들을 알아보겠습니다.

■ 주제별 이미지 프롬프트, 템플릿으로 시작해 보세요!

어떤 프롬프트를 써야 할지 막막하다면, 아래 템플릿들을 활용해 보세요.

- **이혼 상담 관련 포스트라면:** "Professional family lawyer consultation scene, divorced couple meeting with attorney, modern law office, confidential meeting atmosphere, warm but serious lighting —ar 16:9"
- **교통사고 관련 포스트라면:** "Car accident legal consultation, insurance documents on desk, professional lawyer advising client, modern office setting, trust and expertise atmosphere —ar 16:9"
- **부동산 분쟁 관련 포스트라면:** "Real estate contract review meeting, property documents, lawyer explaining legal terms to clients, professional office environment —ar 16:9"

■ 이미지에 '전문성'을 더하는 팁!

변호사의 블로그 이미지에는 신뢰감과 전문성이 묻어나야겠죠? 법전이나 법률 서적, 정의의 저울, 깔끔한 사무실 환경, 전문적인 복장 등을 프롬프트에 포함시키면 좋습니다.

색조도 중요합니다. 너무 밝거나 화려한 색보다는 차분하고 신뢰감을 주는 색조를 선택하세요. "professional color palette", "corporate colors", "trustworthy atmosphere" 같은 표현을 프롬프트에 추가하면 원하는 분위기를 더 잘 표현할 수 있습니다.

■ **저작권은 괜찮을까요? 사용할 때 주의할 점!**

AI로 만든 이미지라고 해서 무조건 마음껏 써도 되는 건 아닙니다. 상업적으로 이용할 때는 특히 주의가 필요합니다. Midjourney의 경우 유료 구독자는 상업적 이용이 가능하지만, 생성된 이미지가 실존 인물과 너무 비슷하다면 초상권 문제가 생길 수도 있다는 점을 알아두셔야 합니다.

특히 학교폭력, 성범죄, 가정폭력 등 민감한 주제를 다룰 때는 더욱 신중해야 합니다. 피해자의 감정을 고려해서 적절한 수위로 이미지를 제작하는 섬세함이 필요하겠죠.

김변호사의 스마트한 AI 활용법 II

영업-DB를 살아 움직이게 만들기

03

CHAPTER

3.1 상담 기록을 데이터로 전환하기

개업 변호사는 전화·방문 상담이 잦습니다. 문제는 기록이 흩어진다는 점입니다. 메모에 의존하면 같은 질문을 반복적으로 하거나 이전 대화를 기억하지 못해 신뢰를 잃기 쉽습니다. 상담 직후 핵심을 한 줄로 정리해 Gemini나 ChatGPT에 입력하면, 메모가 바로 구조화된 데이터로 바뀝니다. 이 습관만 자리 잡아도 재상담 시 맥락 복원이 빨라지고, 사건별 검색이 가능해집니다. 특히 Gemini를 이용할 경우 구글 캘린더, 메일에 바로 연동할 수 있어 직원이 없는 경우라도 일정관리가 용이해집니다.

절차

1. 상담 직후 한 줄 요약을 남깁니다.
   예: "2025.03.05 / 형사 / 학교폭력 / 김**/ 지인소개 / 보호자 적극 / 010-1234-5678"
2. 제미나이에 붙여 넣고 요청합니다.

프롬프트(Gemini)

> "다음 상담 메모를 사건 일자, 사건 유형, 이름, 핵심 쟁점, 연락처, 수임 단계, 유입경로 항목으로 표로 정리해 주세요."

3. 생성된 표를 사건 관리 시트에 그대로 붙여 넣습니다. 항목명이 통일되면 이후 필터·검색이 즉시 가능합니다.

실무 팁

- 항목명을 고정해 두면 누가 입력해도 포맷이 흔들리지 않습니다.
- "핵심 쟁점"은 1~2 문장으로 제한하면 이후 요약 품질이 좋아집니다.
- 시트 첫 행에 데이터 유효성(드롭다운)으로 사건 유형, 수임 단계, 유입경로를 고정해 두면 통일성이 유지됩니다.

그림 3-1 제미나이에 한 줄 메모를 입력하고 표로 변환된 화면

사건일자	사건유형	의뢰인 이름	핵심 쟁점	연락처	수임 단계	유입 경로
2025.03.05	학교폭력	김OO	보호자 적극적인 법적 대응 의지	010-1234-5678	입금완료(계약)	지인소개
2025.04.10	부동산 계약	이OO	계약 해지 관련 분쟁	010-2345-6789	방문상담 예약	네이버 블로그
2025.05.20	이혼 소송	박OO	재산분할 및 양육권 협의	010-3456-7890	입금완료(계약)	유튜브
2025.06.15	상속	최OO	상속재산분할 협의 불일치	010-4567-8901	오늘 오후 1시 상담예정	지인소개
2025.07.01	노동	정OO	부당해고 관련 법률 검토	010-5678-9012	방문상담 예약	네이버 블로그
2025.09.15	의료사고	윤OO	수술 후유증 및 손해배상 청구	010-6789-0123	내일 오전 10시 전화상담	유튜브
2025.09.12	학교폭력	김고동	피해 학생 심리적 고통 호소	010-9876-5432	방문상담 예약	지인소개

Sheets로 내보내기

이 방식은 하루 10건 이상 상담이 들어와도 정리가 밀리지 않게 해줍니다. 다음 통화에서 지난 대화를 정확히 이어갈 수 있어, 의뢰인 신뢰가 자연스럽게 높아집니다.

3.2 상담 내용을 요약해 전문성 높이기

상담은 길게 이어지지만, 의사결정에 필요한 핵심은 보통 네 가지입니다: 배경, 주요 쟁점, 진행 가능성, 후속 조치. 상담 직후 이 틀로 요약하면, 다음 단계(견적 · 일정 · 증빙 확인)가 매끄럽게 이어집니다.

절차

1. 상담 중 메모 또는 녹음 파일을 텍스트로 준비합니다. 음성은 Whisper, 클로버노트 등으로 전사하면 시간이 크게 줄어듭니다.
2. ChatGPT에 요약을 요청합니다.

프롬프트(ChatGPT)

> "다음 상담 내용을 '상담 배경 / 주요 쟁점 / 진행 가능성 / 후속 조치'로 간단 · 명료하게 요약해 주세요. 법률적 판단은 유보하되, 사실관계와 필요한 자료를 분리해 정리해 주세요."

Perplexity에서 유사 판례 · 최근 기사 · 공식 가이드 문서를 검색해 참고 링크를 덧붙입니다.

프롬프트(Perplexity)

> "학교폭력 징계 관련 최근 판례 · 교육청 지침의 핵심 포인트를 5줄 내외로 정리하고, 원문 링크를 제시해 주세요."

의뢰인에게 "상담 요약 + 참고 링크"를 발송합니다. 추후 분쟁을 줄이고 신뢰를 높이는 자료가 됩니다.

실무 팁

- "후속 조치"는 의뢰인이 당장 해야 할 것과 사무실이 해야 할 것을 구분합니다.
- 참고 링크는 과도하게 붙이지 말고 2~3개로 제한합니다. 핵심만 전달하는 게 좋습니다.
- 요약본을 제공하면 듣고 끝나는 상담이 아니라 "정리해 주는 변호사"로 인식됩니다. 같은 상담 시간으로도 체감 전문성이 달라집니다.

3.3 고객 분류와 우선순위 태깅하기

모든 상담을 동일하게 다룰 수는 없습니다. 재상담 가능성이 높은 고객을 선별하면, 같은 노력으로 더 많은 사건을 확보할 수 있습니다. Gemini로 상담 기록을 묶어 태깅하면 우선순위가 명확해집니다.

절차

1. 그림 3-1에서 만든 표들을 한 시트로 모읍니다(월별 시트 권장).
2. 시트를 Gemini에 불러와 분류를 요청합니다.

프롬프트(Gemini)

"이 상담 데이터에서 사건 유형별로 분류하고, 다음 기준에 따라 '우선/보통/후순위' 태그를 부여해 주세요.
- 우선: 보호자 · 배우자 등 가족이 적극, 구체적 일정 제안, 자료 보유 언급
- 보통: 상담 만족이나 예산 부담 언급, 추후 연락 의사
- 후순위: 단순 문의, 연락 두절 가능성, 정보 부족"

3. 결과를 시트의 새 컬럼(우선순위)으로 반영합니다. 필터를 "우선"으로 두고 하루 10~15분만 콜백해도 회수율이 달라집니다.

그림 3-2 시트를 Gemini에 불러와 분류를 요청한 화면

✦ 제공해주신 상담 데이터를 **사건 유형별로 분류**하고, 제시된 기준에 따라 **'우선/보통/후순위' 태그**를 부여한 결과입니다. 이 태그는 사건 처리의 **우선순위**를 결정하는 데 도움이 될 수 있습니다.

상담 데이터 우선순위 분류

사건일자	사건 유형	의뢰인 이름	핵심 쟁점	수임 단계	유입 경로	우선순위 태그	태그 부여 이유
학교폭력							
2025.03.05	학교폭력	김OO	보호자 적극적인 법적 대응 의지	입금완료(계약)	지인소개	**우선**	**보호자 적극적 대응 의지** 명시. (사실상 **계약 완료** 건)
2025.09.12	학교폭력	김고동	피해 학생 심리적 고통 호소	방문상담 예약	지인소개	**보통**	방문 상담 예약 단계. **가족의 적극적인 의지** 언급은 부족함.
부동산/계약							
2025.04.10	부동산계약	이OO	계약 해지 관련 분쟁	방문상담 예약	네이버 블로그	**보통**	방문 상담 예약 단계. **구체적인 적극성**은 나타나지 않음.
이혼							
2025.05.20	이혼소송	박OO	재산분할 및 양육권 협의	입금완료(계약)	유튜브	**우선**	**배우자** 관련 사건이며 (사실상 **계약 완료** 건)
상속							
2025.06.15	상속	최OO	상속재산분할 협의 불일치	오늘 오후 1시 상담 예정	지인소개	**보통**	구체적인 협의 불일치 언급으로 단순 문의는 아니지만, **가족의 적극성**이나 **구체적 일정 제안**은 부족함.
노동							
2025.07.01	노동	정OO	부당해고 관련 법률 검토	방문상담 예약	네이버 블로그	**보통**	방문 상담 예약 단계. **구체적인 적극성**은 나타나지 않음.
의료사고							
2025.09.15	의료사고	윤OO	수술 후유증 및 손해배상 청구	내일 오전 10시 전화상담	유튜브	**우선**	**내일 오전 10시 전화상담**이라는 **구체적인 일정**이 제안됨.

실무 팁

- 태깅 기준은 분야에 맞게 조정합니다(예: 가사에서는 감정적 동요보다 증빙 보유 여부가 중요).
- "우선"만 담당변호사 직통, "보통"은 사무실 번호, "후순위"는 메시지로 1차 접촉 같은 운영 룰을 미리 정하면 효율이 올라갑니다.

이 과정을 거치면 “누구부터 연락할지”가 명확해집니다. 무료 상담이 곧바로 사건이 되지 않더라도, 체계적으로 관리하면 회수되는 건수가 눈에 띄게 늘어납니다.

3.4 전화 상담, 30초 만에 기록으로 남기기

전화는 기록이 가장 쉽게 누락됩니다. 통화 직후 30초만 투자해 핵심을 메모하고 ChatGPT에 정리시키면, 놓치지 않고 데이터로 남습니다.

절차

1. 통화 종료 직후 핵심을 한 줄 메모로 남깁니다.
   예: "상속분쟁, 형제 갈등 지속, 모친 재산명시 의사, 비용 부담 우려"
2. ChatGPT에 입력해 항목화합니다.

프롬프트(ChatGPT)

> "다음 메모를 '상담 주제/의뢰인 요청사항/예상 쟁점/후속 안내 필요 여부'로 정리해 주세요. 3줄 이내 간결 서술."

Whisper · 클로버노트 전사를 병행하면, 대화 전체를 근거로 요약 품질이 더 좋아집니다.

실무 팁

- 전화는 특히 "후속 안내 필요 여부"가 중요합니다. 일정 · 자료 · 비용 중 무엇을 먼저 안내할지 정해 두면 콜백 품질이 일정해집니다.

- 이 습관 하나로 다시 연락이 왔을 때 정확히 이어갈 수 있습니다. 의뢰인 입장에서는 본인의 이야기를 잊지 않는 변호사로 느끼게 됩니다.

3.5 우선순위별 자동 콜백 리스트 만들기

상담 DB가 누적되면, 우선순위별로 별도 리스트를 만드는 것이 효율적입니다. 구글 시트에서 탭을 분리하고, 간단한 규칙으로 자동 분기하면 매일의 콜백 목록이 자동으로 준비됩니다.

절차

1. 상담 메인 시트에 우선순위 컬럼을 추가합니다(그림 3-1 결과 사용).
2. 구글 시트 쿼리 또는 필터 뷰로 탭을 분리합니다.
   - 예: 우선 탭 = QUERY(Main!A:Z, "select * where E = '우선'")
3. Gemini에 보완 태깅을 요청합니다.

프롬프트(Gemini)

> "이 리스트에서 '콜백권장일' 컬럼을 만들어 주세요. 기준: 우선= +3일, 보통= +7일, 후순위= +14일. 주말이면 다음 영업일로 조정"

매일 아침 '오늘 콜백 대상' 필터만 보면 됩니다. 통화 결과는 메모 컬럼에 간단히 갱신하고, 우선순위가 바뀌면 즉시 태그를 수정합니다.

그림 3-3 분류 요청 후 '콜백권장일' 컬럼을 추가한 화면

제공해주신 데이터와 우선순위 태그를 바탕으로 **콜백 권장일**(콜백권장일 컬럼)을 추가했습니다.

콜백 권장일은 **사건일자**를 기준으로 계산되었으며, 주말(토, 일)을 제외하고 다음 영업일로 조정했습니다.

콜백 권장일이 추가된 상담 데이터

사건일자	사건 유형	의뢰인 이름	핵심 쟁점	수임 단계	우선순위 태그	콜백 기준일	콜백권장일
2025.03.05	학교폭력	김OO	보호자 적극적인 법적 대응 의지	입금완료(계약)	**우선**	+3일	2025.03.08 (토) → **2025.03.10 (월)**
2025.04.10	부동산계약	이OO	계약 해지 관련 분쟁	방문상담 예약	**보통**	+7일	2025.04.17 (목)
2025.05.20	이혼소송	박OO	재산분할 및 양육권 협의	입금완료(계약)	**우선**	+3일	2025.05.23 (금)
2025.06.15	상속	최OO	상속재산분할 협의 불일치	오늘 오후 1시 상담 예정	**보통**	+7일	2025.06.22 (일) → **2025.06.23 (월)**
2025.07.01	노동	정OO	부당해고 관련 법률 검토	방문상담 예약	**보통**	+7일	2025.07.08 (화)
2025.09.15	의료사고	윤OO	수술 후유증 및 손해배상 청구	내일 오전 10시 전화 상담	**우선**	+3일	2025.09.18 (목)
2025.09.12	학교폭력	김고동	피해 학생 심리적 고통 호소	방문상담 예약	**보통**	+7일	2025.09.19 (금)

Sheets로 내보내기

실무 팁

- "콜백권장일"을 구글 캘린더와 연동하면 일정화까지 한 번에 끝납니다.
- 통화 결과에 표준 약어를 쓰면(예: BM＝비용문의, AP＝자료추가요청) 검색 · 집계가 수월합니다.

이렇게 운영하면 "오늘 누구에게 전화할까"를 고민할 시간이 사라집니다. 동선이 단순해지고, 놓치는 건이 줄어듭니다.

3.6 상담 데이터, 구글 워크스페이스로 확장하기

데이터가 쌓이면, 이를 이메일 · 일정 · 문서 보관과 연결할 때 효율이 커집니다. 별도 ERP 없이도 Gmail, 캘린더, 드라이브와 AI만으로 일상 운영의 뼈대를 세울 수 있습니다.

Gmail

- ChatGPT로 만든 상담 요약본을 바로 "나에게 Gmail 보내기"로 전송해 보관합니다.
- Gemini는 받은 편지함을 사건 · 의뢰인 기준으로 분류해 줄 수 있어, 추적이 쉬워집니다.

예시 프롬프트(Gmail 연동 맥락화)

프롬프트(Gemini)

- "이 메일함에서 '학교폭력' 관련 상담 요약 메일만 모아 사건번호별로 묶어 목록화해 주세요. 의뢰인명/날짜/핵 심 쟁점 1줄 포함"

캘린더

- 상담 중 약속된 후속 연락, 서류 제출 예정일을 일정으로 바로 전환합니다.

프롬프트(ChatGPT)

> "이 상담 요약을 기준으로 다음 액션을 구글 캘린더 일정으로 만들어 주세요. 제목='학교폭력 상담 콜백(보호자)', 날짜=3일 후 평일, 알림=당일 오전 9시."

그림 3-4 상담일지 및 상담 콜백 일정이 캘린더에 자동 생성된 화면

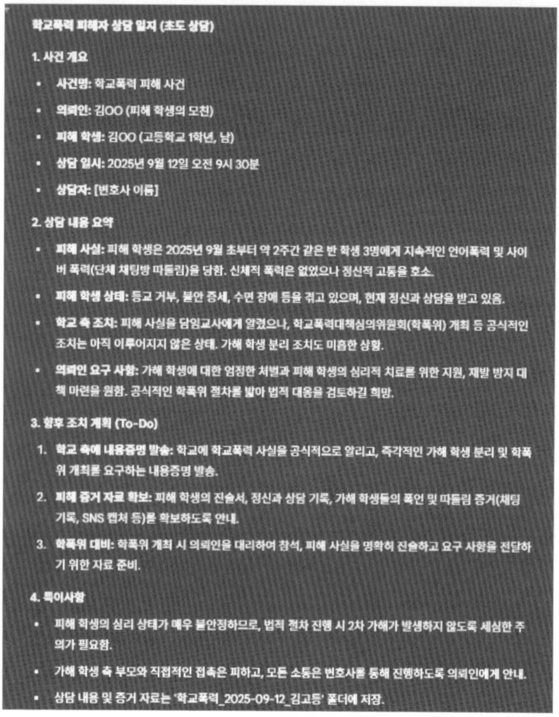

학교폭력 피해자 상담 일지 (초도 상담)

1. 사건 개요

- **사건명:** 학교폭력 피해 사건
- **의뢰인:** 김OO (피해 학생의 모친)
- **피해 학생:** 김OO (고등학교 1학년, 남)
- **상담 일시:** 2025년 9월 12일 오전 9시 30분
- **상담자:** [변호사 이름]

2. 상담 내용 요약

- **피해 사실:** 피해 학생은 2025년 9월 초부터 약 2주간 같은 반 학생 3명에게 지속적인 언어폭력 및 사이버 폭력(단체 채팅방 따돌림)을 당함. 신체적 폭력은 없었으나 정신적 고통을 호소.
- **피해 학생 상태:** 등교 거부, 불안 증세, 수면 장애 등을 겪고 있으며, 현재 정신과 상담을 받고 있음.
- **학교 측 조치:** 피해 사실을 담임교사에게 알렸으나, 학교폭력대책심의위원회(학폭위) 개최 등 공식적인 조치는 아직 이루어지지 않은 상태. 가해 학생 분리 조치도 미흡한 상황.
- **의뢰인 요구 사항:** 가해 학생에 대한 엄정한 처벌과 피해 학생의 심리적 치료를 위한 지원, 재발 방지 대책 마련을 원함. 공식적인 학폭위 절차를 밟아 법적 대응을 검토하길 희망.

3. 향후 조치 계획 (To-Do)

1. **학교 측에 내용증명 발송:** 학교에 학교폭력 사실을 공식적으로 알리고, 즉각적인 가해 학생 분리 및 학폭위 개최를 요구하는 내용증명 발송.
2. **피해 증거 자료 확보:** 피해 학생의 진술서, 정신과 상담 기록, 가해 학생들의 폭언 및 따돌림 증거(채팅 기록, SNS 캡처 등)를 확보하도록 안내.
3. **학폭위 대비:** 학폭위 개최 시 의뢰인을 대리하여 참석, 피해 사실을 명확히 진술하고 요구 사항을 전달하기 위한 자료 준비.

4. 특이사항

- 피해 학생의 심리 상태가 매우 불안정하므로, 법적 절차 진행 시 2차 가해가 발생하지 않도록 세심한 주의가 필요함.
- 가해 학생 측 부모와 직접적인 접촉은 피하고, 모든 소통은 변호사를 통해 진행하도록 의뢰인에게 안내.
- 상담 내용 및 증거 자료는 '학교폭력_2025-09-12_김고등' 폴더에 저장.

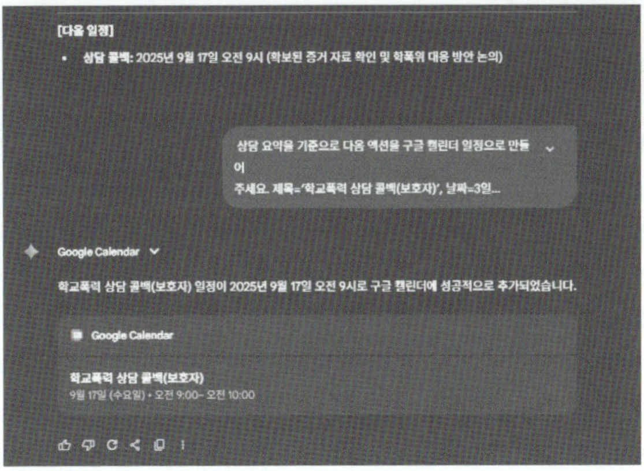

드라이브

- 상담 기록·요약·첨부 자료를 사건 폴더에 저장하면, Gemini로 자연어 검색이 가능합니다.

프롬프트(Gemini)

> "드라이브의 '2025_학교폭력' 폴더에서 '보호자 민원 제기'가 언급된 상담 요약 3건만 찾아 핵심만 3줄씩 정리해 주세요."

이 연계가 자리 잡으면 상담 → 정리 → 전송 → 일정 → 보관의 흐름이 한 번에 이어집니다. 초기 비용이 거의 들지 않으면서, 선남 직원이 있는 것 같은 운영 안정감을 얻을 수 있습니다.

범용 AI로 만드는 데이터 자산화

핵심은 기록을 흘려보내지 않는 것입니다. 한 줄 메모가 표로 바뀌고, 긴 대화는 요약으로 정리되며, 고객은 우선순위로 나뉩니다. 그리고 이 데이터가 Gmail·캘린더·드라이브와 연결되면, 상담은 더 이상 소모가 아니라 데이터의 축적이 되어 자산이 됩니다. 같은 시간으로 더 선명하게 기억하고, 더 정확히 이어가며, 더 높은 확률로 수임으로 전환시킬 수 있으며 이는 작은 습관과 범용 AI만으로도 가능한 변화입니다.

김변호사의
스마트한 AI 활용법 II

수임-계약부터 입금까지 자동화하기

04

CHAPTER

4.1 제안서부터 계약서까지, 문서 자동화의 풀세트

4.1.1 개인정보 동의와 익명화 처리

AI를 활용한 문서 자동화 과정에서 반드시 짚고 넘어가야 할 부분은 개인정보 보호입니다. 변호사는 개인정보처리자에 해당하므로, 수임계약 단계에서 의뢰인에게 개인정보 수집 · 이용 동의를 받는 것이 필수입니다.

동의서 기재사항 예시

1. 개인정보 수집 · 이용 목적
→ AI를 활용한 사건 분석, 문서 작성 · 검토, 법률 자문 효율성 제고
2. 수집 항목
→ 이름, 연락처, 주민번호, 주소, 이메일, 사건 관련 사실관계 · 증거자료 등
3. 보유 · 이용 기간
→ 수임계약 종료 후 1년
4. 동의 거부 권리
→ 거부 가능하나, 업무 효율성 저하 가능성 안내

또한 ChatGPT · Claude 등 외부 AI에 자료를 입력하기 전에는 **'홍길동 → OOO', '010-1234-5678 → 000-0000-0000'**과 같이 마스킹을 거치거나, Privacy Cloak과 같은 익명화 도구를 활용

하는 것이 바람직합니다.

4.1.2 상담 후 5분 만에 끝내는 제안서 · 견적서 작성

상담 이후 의뢰인에게 제공하는 제안서·견적서는 변호사의 신뢰도와 전문성을 보여주는 중요한 문서입니다. 그러나 매번 새로 작성하면 시간이 많이 소요되죠.

활용 방안

아래 3가지 모델들은 각각의 특징이 차이가 있는데요. 각자 필요한 형식에 따라 활용하고자 하는 초점에 맞춰 사용하면 됩니다.

1) ChatGPT/Claude: 상담 내용을 입력하면 사건 개요, 변호사의 역할, 예상 기간, 비용 구조가 정리된 제안서 초안 자동 생성
2) Claude: 긴 상담 기록 요약 후 제안서 형식으로 정리
3) Gemini + 구글 시트: 견적 금액을 자동 반영·관리

프롬프트 예시

> "오늘 상담한 민사 손해배상 사건을 의뢰인에게 제안서 형식으로 정리해 주세요. 사건 개요, 변호사의 역할, 예상 진행 기간, 수임료 구조를 포함하고 존칭을 사용해 정중하게 작성해 주세요"

제안서(예시)

1. 사건 개요

   의뢰인께서는 ○○사건(교통사고로 인한 손해배상 청구)을 당사자 ○○씨를 상대로 제기하고자 하십니다. 이번 사건은 상대방의 과실로 인하여 발생한 재산적 손실과 정신적 손해에 대한 배상을 청구하는 것이 핵심입니다.

2. 변호사의 역할

   본 법무법인은 의뢰인의 권리를 최대한 보장하기 위하여 다음과 같은 역할을 수행합니다.

   사실관계 및 증거자료 정리

   손해액 산정 및 배상 청구액 산출

   소장 작성 및 법원 제출

   변론 준비 및 기일 출석

   합의 가능성 검토 및 협상 대리

3. 예상 진행 기간

   사실관계 및 증거 확보: 약 1개월

   1심 소송 진행: 약 6개월~1년

   합의 시에는 위 기간이 단축될 수 있습니다.

4. 수임료 구조

   착수금: ○○원 (사건 착수 시)

   성공보수금: 판결 확정 또는 합의금 수령액의 ○%

   소송 비용: 인지대, 송달료, 감정료 등은 별도 부담

5. 마무리 말씀

   저희는 의뢰인께서 정당한 손해배상을 받을 수 있도록 끝까지 최선을 다할 것입니다. 사건의 특성과 진행 방향에 따라 구체적 전략은 조율될 수 있으며, 모든 과정에서 의뢰인과 긴밀히 소통하겠습니다.

4.1.3 미수금 놓치지 않는 입금 관리 자동화

입금 관리와 미수금 추적은 개업 변호사에게 매우 중요한 업무입니다. 여러 사건이 동시에 진행되면 미수금 확인이 누락되기 쉽습니다.

자동화 방법

구글 시트 + App Script: 사건별 입금 내역을 자동 집계, 미수금 건은 색상 표시

Gmail 연동: "입금 확인 메일"을 자동 태깅·분류

SMS 연동(카페 24, Solapi 등): ChatGPT가 작성한 문구를 활용해 미입금 알림 자동 발송

프롬프트 예시

> "이 구글 시트에서 사건별 입금 내역을 확인하고, 미수금이 남아 있는 사건을 표로 정리해 주세요. 항목은 사건명, 의뢰인명, 미수금액, 최종 납부일입니다."

그림 4-1

출력 예시 (AI 응답 형태)

미수금 현황표

사건명	의뢰인명	미수금액	최종 납부일
교통사고 손해배상	김○○	1,200,000원	2025-08-10
임대차보증금 반환	이○○	800,000원	2025-08-25
근로자 해고무효 소송	박○○	2,500,000원	2025-09-05
상속재산분할청구	최○○	500,000원	2025-09-12

이런 식으로 사건별 **잔액·납부일**이 한눈에 정리되면,

- 미수금 알림 문자 자동 발송
- 사무실 내부 현금흐름 관리
- 우선 추심 대상 사건 식별

까지 자연스럽게 연결됩니다.

4.1.4 사건별 맞춤형 계약서, AI로 초안 완성하기

수임 계약은 단순히 사건 수임 절차를 넘어, 의뢰인에게 첫 신뢰를 심어주는 문서입니다. 하지만 사건마다 계약서를 처음부터 작성하거나, 사소한 문구 때문에 반복 수정하는 일이 많아 비효율이 발생합니다.

자동화 방법

ChatGPT에 개인정보 제거본 약정서 샘플을 학습 → 사건 유형별 맞춤형 초안 자동 생성

Perplexity: 최신 판례 · 협회 표준계약서 참고하여 문구 개선

Gemini: 계약서 파일 체계적 저장 · 분류

프롬프트 예시

> "이전에 제공한 약정서 샘플을 참고하여, 이번 형사사건(사기 혐의) 수임 계약서 초안을 작성해 주세요. 필수 항목(계약 당사자, 위임 범위, 수임료, 성공보수, 해지 조항)을 포함하고 존칭을 사용해 정중하게 작성해 주세요."

4.2 고객 DB 기반 메시지 자동화

4.2.1 Solapi, 변호사를 위한 메시지 자동화 엔진

Solapi는 고객 데이터베이스를 기반으로 문자, 카카오톡 등 다양한 채널을 통해 맞춤형 메시지를 자동 발송하는 서비스입니다. 예약 안내, 사건 진행 상황 공유 등 법무업무에 필요한 커뮤니케이션을 효율적으로 처리할 수 있습니다.

1) 카카오 비즈니스 채널 연동을 위해서는 사업자등록증이 필요합니다.
2) 연락처와 카카오 비즈니스 채널만 있으면 문자 메시지, 카카오톡, 네이버 톡톡 등을 통합 관리할 수 있습니다.
3) 자주 사용하는 문구를 미리 저장하여 재사용할 수 있습니다.

4.2.2 개업 변호사를 위한 Solapi 시작 체크리스트

필수 준비사항

1. 사업자 정보 등록: 개인사업자 또는 법인사업자 등록 필수
2. 2차 비밀번호 및 팀이름 설정
3. 발신번호 등록: MMS 전송 서비스 이용을 위해 필요
4. 카카오채널 연동: 카카오톡 알림톡, 친구톡 등 기능 이용을 위해 필요

자세한 메시지 유형은 아래 링크의 공식 가이드를 참고하세요(https://solapi.com/guides/start/).

4.2.3 주소록 관리부터 맞춤형 메시지 발송까지

1. 주소록 등록하기

메시지 보내기 메뉴에서 주소록을 관리할 수 있습니다.

2. 등록 방법

1) 수기 입력: 개별 연락처 직접 추가

2) 일괄 업로드: 엑셀 파일을 통한 대량 등록

그림 4-2

3. 폴더 및 확장필드 활용

새 폴더 생성 시 확장필드를 설정할 수 있습니다. 확장필드에는 사건번호, 이메일 등 다양한 정보를 추가할 수 있으며, 이를 통해 개인화된 메시지 발송이 가능합니다.

저는 사건번호와 사건명을 확장필드로 설정해 보았습니다.

확장필드 예시: 사건명, 사건번호, 담당변호사, 상담일정 등

그림 4-3

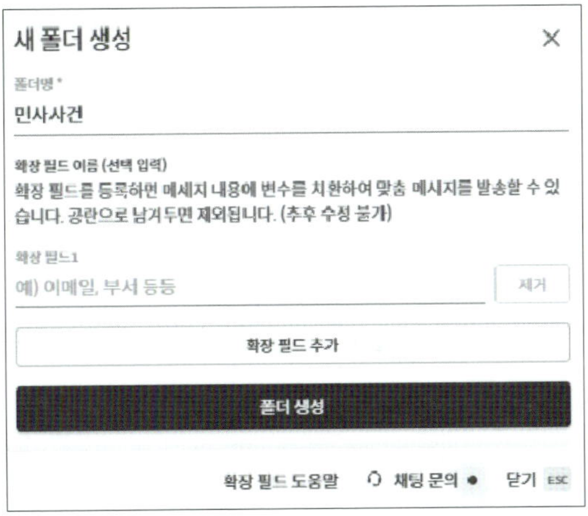

그림 4-4

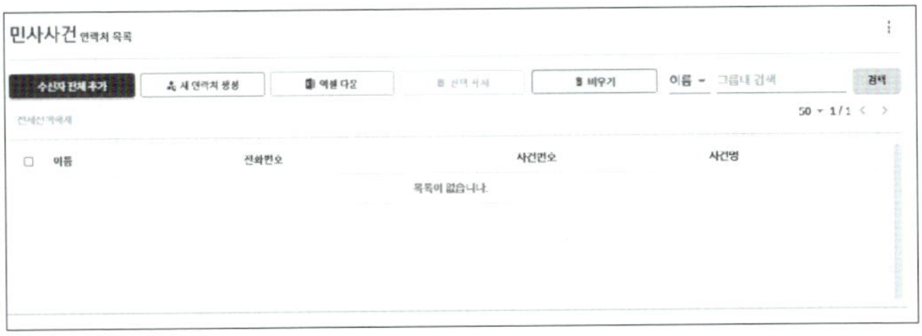

4. 변수를 활용한 맞춤형 메시지 발송

실전 예시: 사전 상담지 안내 발송구글폼으로 사전 상담지를 제작한 후, 응답자 링크를 복사합니다(URL 단축 기능으로 링크를 간소화할 수 있습니다).

그림 4-5

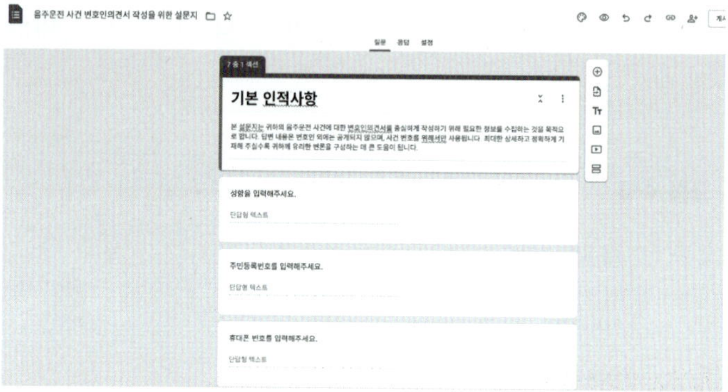

그림 4-6

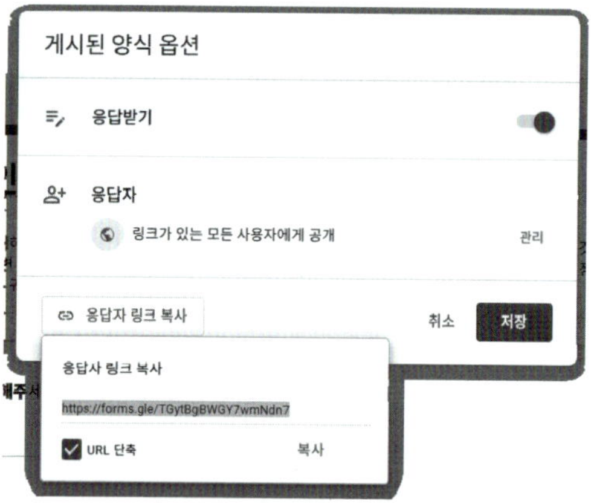

그리고 아래와 같은 메시지를 보낼 거예요.

메시지 문안 예시

> 안녕하세요 #{고객명}님. 법무법인 ○○입니다. #{사건명} 건과 관련하여 보다 정확하고 체계적인 상담을 위해 사전 상담지 작성을 부탁드립니다. 작성해 주신 내용은 상담 준비에만 활용되며, 철저한 비밀보장을 약속드립니다.
>
> 사전 상담지 링크: [구글폼 링크]

발송 과정

위 메시지 문구를 입력하고 수신번호에 보낼 수신인을 등록합니다.

그림 4-7

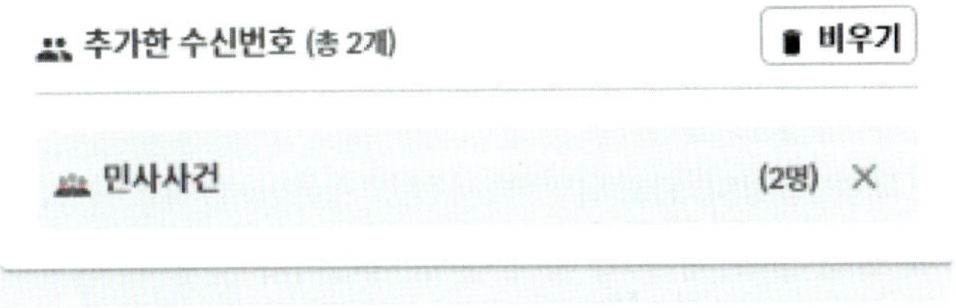

이어서, Solapi의 문구 치환 버튼을 클릭하면 #{변수A}, #{변수B}와 같은 형태로 변수 설정이 가능합니다. 화면 하단에 어떤 변수를 입력할 것인지 선택하는 부분이 나타나는데, #{변수A} 부분에는 수신자 이름, #{변수B}에는 사건명을 매핑합니다.

그림 4-8

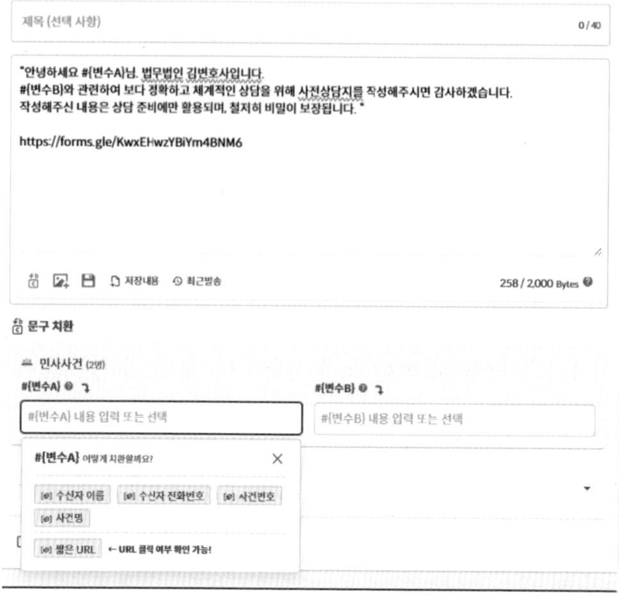

모든 설정이 완료되면 즉시전송 버튼을 클릭하여 발송을 완료합니다. 아래와 같이 문자 메시지가 발송이 되었다면 성공입니다.

그림 4-9

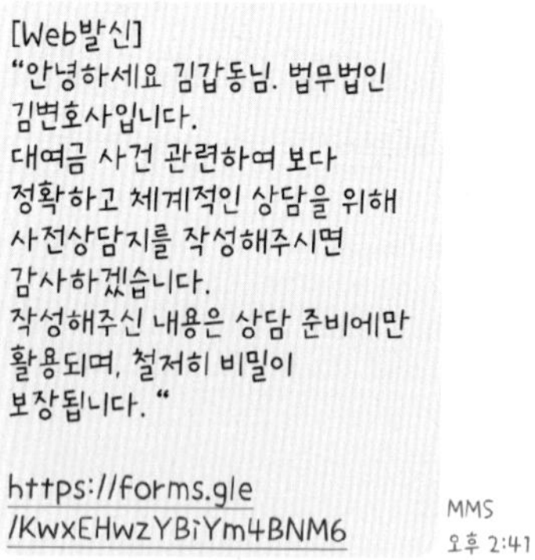

또한 발송내역에 들어가시면 전송이 제대로 되었는지도 확인이 가능합니다.

그림 4-10

4.2.4 카카오톡 브랜드 메시지로 웨비나 홍보하기

카카오톡 메시지 유형별 활용

1) 알림톡: 회원가입, 예약확인 등 정보성 메시지
2) 친구톡: 개별 고객 대상 이벤트 안내
3) 브랜드 메시지: 이미지 활용한 시각적 광고 메시지

그림 4-11

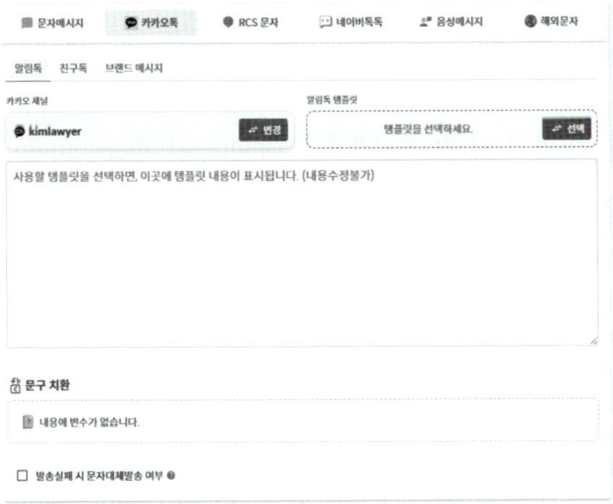

주의! 발송 시간은 오전 8시~오후 8시 50분으로 제한됩니다.

브랜드 메시지 제작 실습: 웨비나 홍보

브랜드 메시지에는 아래와 같이 다양한 유형의 템플릿 형태의 문구를 보낼 수 있습니다.

그림 4-12

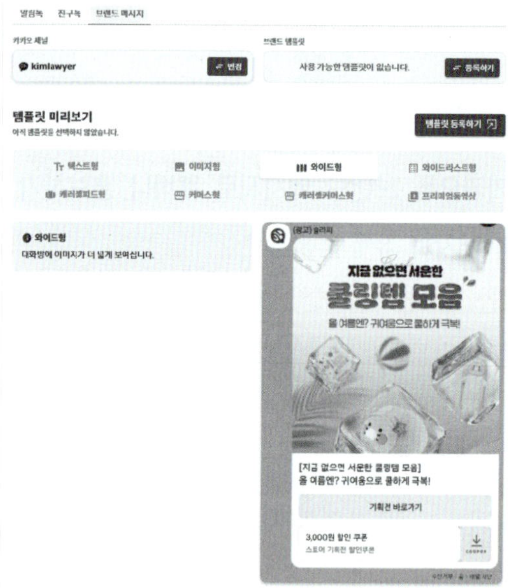

1단계: 이미지 제작 미리캔버스(Miricanvas) 활용

미리캔버스(Miricanvas)에 접속하여 배경 만들기 메뉴를 선택합니다.

그림 4-13

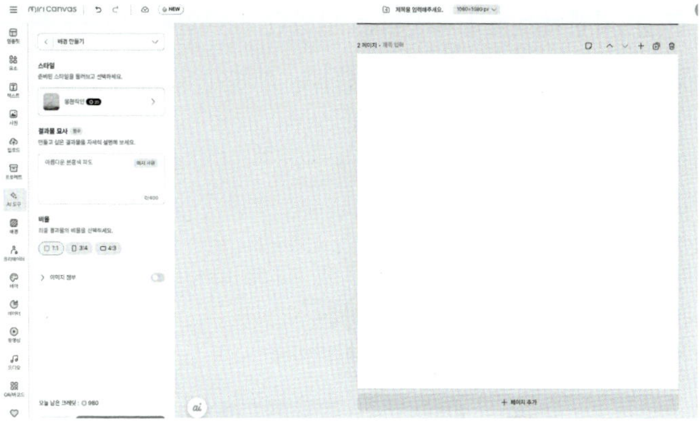

AI 프롬프트에 "노트북 화면 위에 법전을 상징적으로 배치한 세련된 일러스트"와 같이 원하는 이미지를 설명하여 배경을 생성합니다.

그림 4-14

2단계: 텍스트 추가 및 디자인 완성

생성된 배경에 메인 텍스트를 추가합니다. 예를 들어 "이혼, 법은 어떻게 판단했을까?"와 같은 문구를 입력할 수 있습니다. 이후 글꼴, 색상, 크기를 조정하여 가독성을 높이고, 미리캔버스에서 제공하는 다양한 스타일과 폰트를 활용할 수 있습니다. 완성된 이미지는 저장하여 브랜드 메시지용으로 준비합니다.

그림 4-15

3단계: 브랜드 메시지 템플릿 설정

Solapi로 돌아와서 제작한 이미지를 업로드합니다. 기본정보 탭에는 "법률 전문가와 함께 최신 이혼 판례를 분석하고, 실무적 시사점을 나누는 웨비나에 참여하세요"와 같은 설명을 입력합니다.

오른쪽 미리 보기 화면에는 내가 보낼 메시지를 미리 보기 할 수 있으므로 이를 참고하여 내가 원하고자 하는 브랜드 메시지 템플릿이 맞는지 확인할 수도 있습니다.

그림 4-16

또한 웨비나 초청 웹페이지로 연결되는 링크 버튼을 추가하여 수신자가 바로 참여할 수 있도록 합니다. 여기는 우리가 이미 만들어둔 웨비나 초청 웹페이지로 이동할 수 있도록 링크를 달 거예요.

그림 4-17

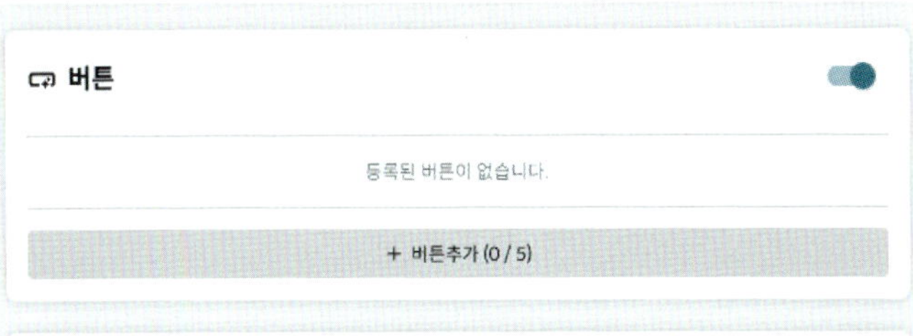

4단계: 발송 및 확인 템플릿 완성

이후 전송할 대상 그룹을 선택하여 발송하면 끝입니다.

그림 4-18

4.2.5 Solapi + Make, 채권추심 메시지의 자동 시나리오

앞서 소개한 노코딩 자동화 툴인 Make에는 Solapi 모듈이 포함되어 있어 더욱 강력한 메시지 자동화가 가능합니다. 이번 장에서는 구글 캘린더에 등록된 일정을 자동으로 감지하여 채권추심 메시지를 단계적으로 발송하는 시스템을 구축해 보겠습니다. 이 시스템은 납부예정일로부터 1일, 3일, 7일 후에 각각 다른 내용의 추심 메시지를 자동으로 발송합니다.

사전 준비사항

시스템 구축을 위해서는 두 가지 기본 데이터가 필요합니다. 첫째, 채무자들의 정보가 정리된 구글 스프레드시트 파일이 있어야 합니다. 이 파일에는 채무자명, 사건번호, 연락처, 채무금액 등의 정보가 포함되어야 합니다. 둘째, 납부예정일이 기록된 구글 캘린더가 필요합니다. 각 채무자의 납부예정일을 캘린더 이벤트로 등록해 두면, Make가 이를 자동으로 감지할 수 있습니다.

그림 4-19

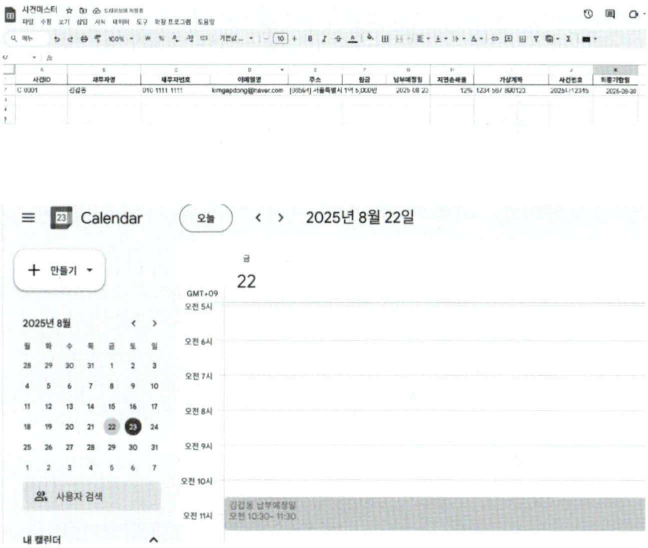

구글 캘린더 연동 설정

Make에서 구글 캘린더의 'Search Event' 모듈을 활용합니다. Calendar ID는 납부예정일이 등록되어 있는 캘린더로 설정해야 합니다. 우리가 원하는 것은 "상환일 + 1일, 3일, 7일"에 해당하는 이벤트만 선별적으로 감지하는 것입니다.

그림 4-20

먼저 납부예정일 +1일에 해당하는 이벤트를 설정해 보겠습니다. START DATE와 END DATE는 각각 아래처럼로 설정합니다. 이렇게 하면 오늘을 기준으로 하루 전에 등록된 이벤트만 감지됩니다. Single Events 옵션은 "Yes"로 설정하여 반복 일정을 각각의 단일 이벤트로 분리해서 가져오도록 합니다.

```
{{formatDate(addDays(now; -1); "YYYY-MM-DDT00:00:00Z")}}
{{formatDate(addDays(now; -1); "YYYY-MM-DDT23:59:59Z")}}
```

Query 필드에는 '납부예정일'과 같은 키워드를 입력합니다. 이렇게 하면 캘린더 이벤트의 제목이나 설명에 해당 단어가 포함된 이벤트만 필터링됩니다. 이 설정으로 테스트 실행해 보면 해당 조건에 맞는 채무자의 납부예정일 이벤트가 성공적으로 감지되는 것을 확인할 수 있습니다.

그림 4-21

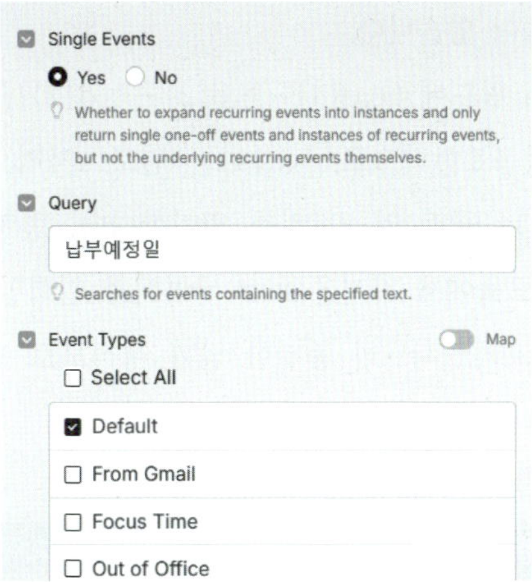

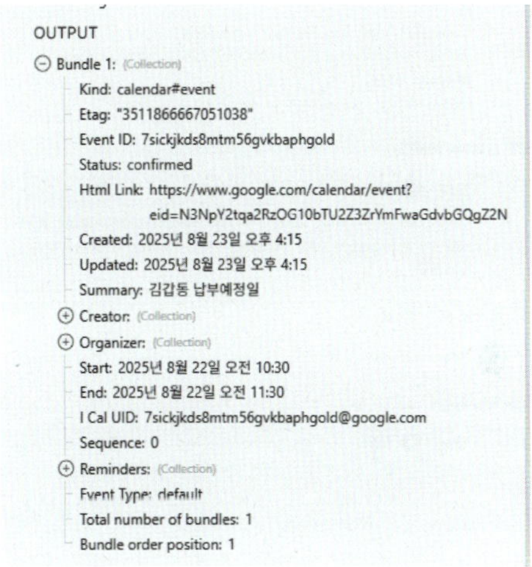

데이터 형식 변환 및 매칭

캘린더에서 가져온 데이터와 스프레드시트의 데이터 형식을 맞추기 위해 Text Parser의 'Match Pattern' 모듈을 사용합니다. 캘린더에서 가져온 start 데이터는 "2025년 8월 22일 오전

10:30” 형식이지만, 스프레드시트의 날짜는 “2025-08-22” 형식으로 되어 있습니다.

Pattern 필드에 (\d{4}-\d{2}-\d{2})를 입력합니다. 이는 정규표현식으로, \d{4}는 연도 4자리, -는 구분자, \d{2}는 월과 일 2자리를 의미합니다. 변형할 텍스트는 캘린더 모듈에서 가져온 start 데이터를 입력합니다. 이렇게 하면 스프레드시트와 동일한 날짜 형식으로 변환됩니다.

그림 4-22

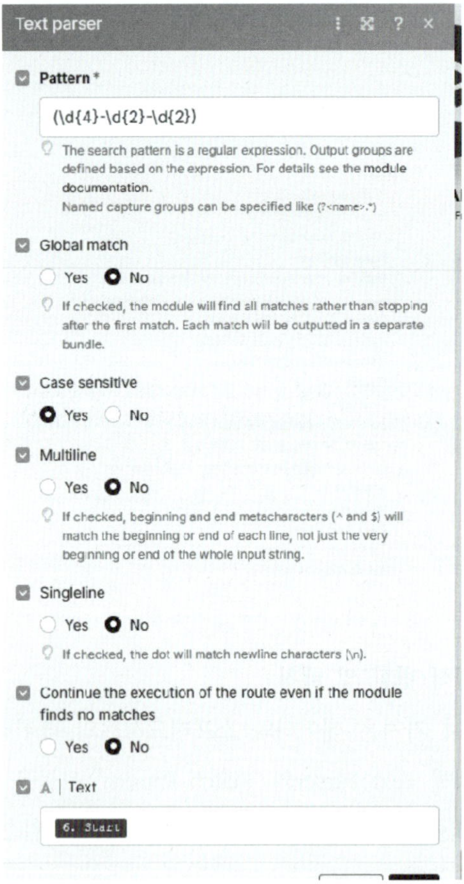

구글 시트 데이터 검색을 위한 모듈

그림 4-23

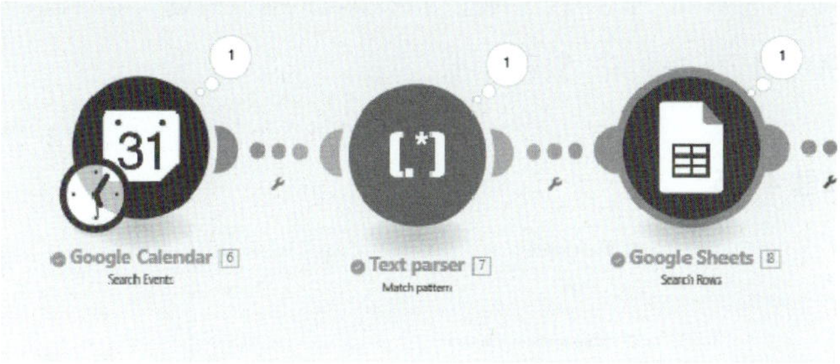

다음으로 Google Sheets의 “Search Rows” 모듈을 연결하여 해당 채무자의 상세 정보를 가져옵니다. “Select from all” 옵션을 선택한 후, 구글 스프레드시트의 고유 ID를 입력합니다. 스프레드시트 URL에서 고유 ID 부분을 복사하여 Spreadsheet ID 필드에 붙여 넣습니다.

그림 4-24

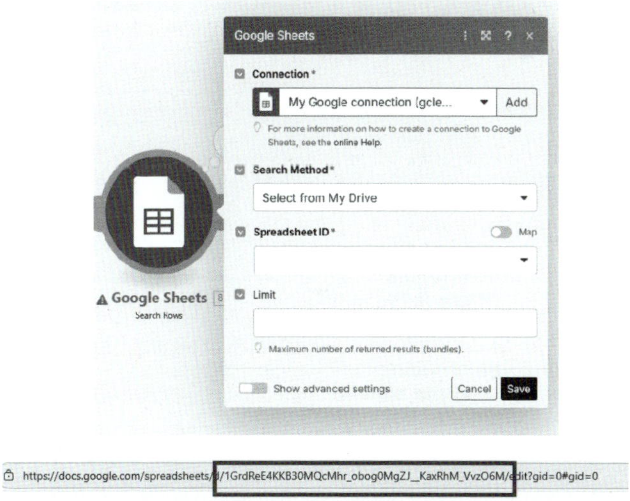

Filter 설정에서는 납부예정일 필드가 Text Parser에서 변환한 날짜와 일치하는 조건을 설정합니다. 이렇게 하면 해당 날짜에 해당하는 채무자의 모든 데이터를 스프레드시트에서 가져올 수 있습니다.

그림 4-25

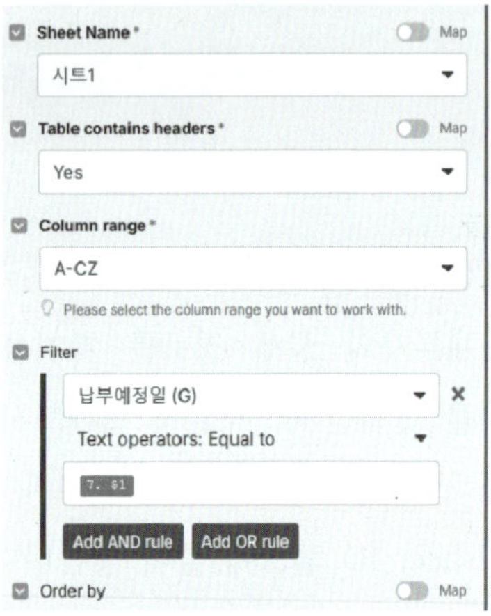

테스트 실행해 보면 성공적으로 채무자의 상세 정보가 추출되는 것을 확인할 수 있습니다.

그림 4-26

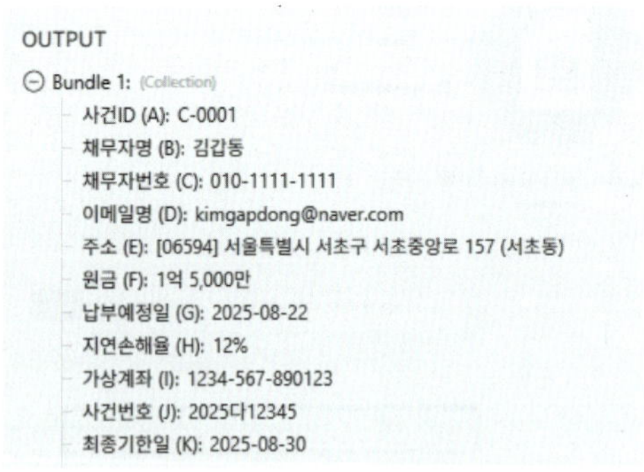

자동 메시지 발송 설정

마지막으로 Solapi의 "Send a Text Message" 모듈을 연결합니다. 납부예정일 +1일 차에 발송할 메시지 내용을 다음과 같이 설정할 수 있습니다.

> "{채무자명}님,
>
> 귀하에 대한 {사건번호} 사건의 금전채권은 이미 법원의 확정판결로 확정된 상태입니다.
>
> {납부예정일}까지 변제하기로 한 {원금} 원이 아직 지급되지 않았습니다.
>
> 판결문에 따른 지연손해금({지연손해율}%)이 발생하고 있으니, 조속히 납부하여 불필요한 비용을 방지하시기 바랍니다.
>
> 입금계좌: {가상계좌}"

그림 4-27

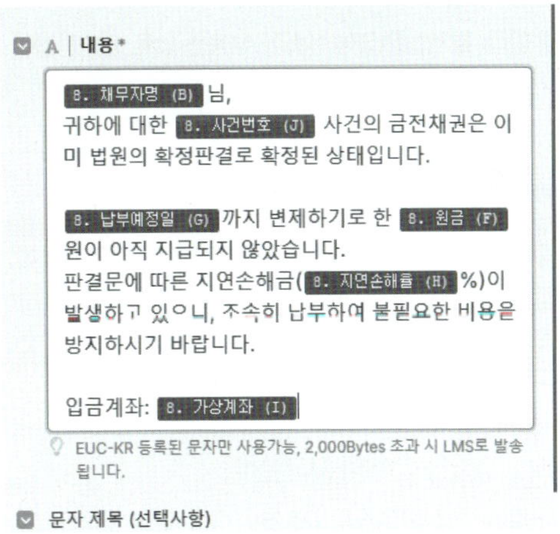

이와 동일한 방식으로 D+3일과 D+7일에 발송할 메시지도 별도로 설정할 수 있습니다.

이제 성공적으로 하나의 시나리오를 만들었습니다.

그림 4-28

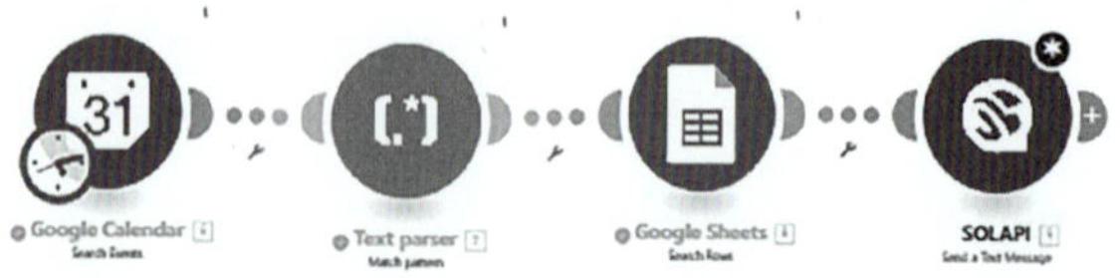

단계별 메시지 템플릿

D+3일 차 메시지(집행 절차 사전 통지)

[집행 절차 사전 통지] {사건번호}
{채무자명}님, 판결 확정 채권 {청구금액} 원이 3일 이상 연체되었습니다.
판결에 따라 강제집행(급여 · 예금 · 부동산 압류 등) 진행이 가능함을 알려드립니다.
{최종기한일}까지 변제 시 추가 절차를 방지할 수 있습니다.
입금계좌: {가상계좌}

D+7일 차 메시지(최후 통지)

[최후 통지 - 강제집행 예정] {사건번호}
{채무자명}님, {납부예정일} 약정분이 7일 이상 연체되었습니다.
집행문 부여 후 강제집행 절차 개시가 가능함을 최종 통지합니다.
{최종기한일}까지 전액 납부 시 절차 중단 가능.
입금계좌: {가상계좌}

이처럼 단계별로 다른 내용의 메시지를 설정하면 체계적인 채권추심 자동화 시스템을 구축할 수 있습니다.

더 나아가 Make의 Router 기능을 활용하면 D+1, D+3, D+7을 하나의 시나리오에서 통합적으로 관리할 수도 있습니다.

그림 4-29

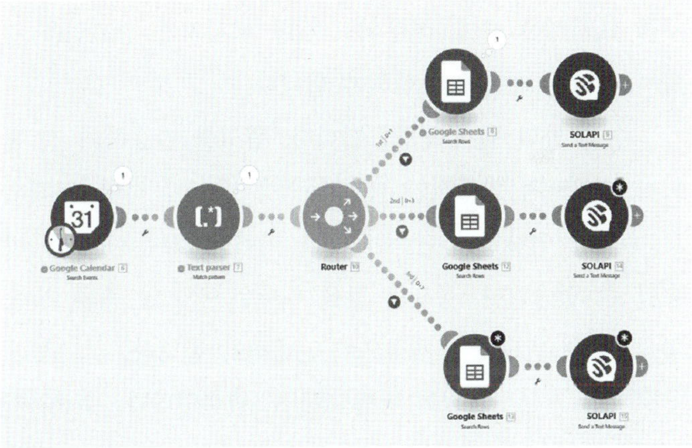

4.2.6 고객 소통과 마케팅으로 확장하는 메시지 자동화

자동화 시스템의 활용 범위는 채권추심에만 국한되지 않습니다. 일정한 규칙과 조건에 따라 반복적으로 메시지를 발송할 수 있는 특성을 활용하면, 정기적인 고객 안내나 마케팅 목적의 메시지 발송에도 응용할 수 있습니다.

예를 들어 신간 법률 서적 소식, 법률 세미나 안내, 상담 서비스 할인 쿠폰 등의 정보를 일정 간격으로 자동 발송하는 구조를 설계할 수 있습니다. 한 번 설정해 두면 반복적인 업무를 크게 줄이고 일관된 품질의 메시지를 지속적으로 전달할 수 있다는 장점이 있습니다.

4.2.7 광고성 메시지, 반드시 지켜야 할 법적 준수사항

광고성 메시지를 자동화로 전송하는 경우에는 반드시 법적 의무와 윤리적 기준을 준수해야 합니다.

광고 표기 의무부터 살펴보면, 광고성 정보가 담긴 이메일이나 메시지는 제목 시작 부분에 반드시 (광고)라는 문구를 표기해야 하며, 본문에도 해당 메시지가 광고임을 명확히 알리는 내용을 포함해야 합니다.

수신 동의 원칙도 중요합니다. 광고를 발송하기 전 반드시 수신자의 명시적인 사전 동의를 받아야 하며, 무작위로 수집한 연락처나 단순한 구매 이력만으로는 광고를 발송할 수 없습니다. 동의를 받을 때에는 광고의 종류, 발송 방식, 발송 빈도를 구체적으로 안내해야 합니다.

수신 거부 및 철회 방법 제공도 필수입니다. 수신자가 언제든지 간단한 절차를 통해 광고 수신을 거부할 수 있도록 해야 하며, 이메일이나 문자 본문 하단에 수신 거부 링크나 연락처를 반드시 제공해야 합니다. 수신 거부 의사를 받으면 즉시, 늦어도 14일 이내에는 해당 주소로 광고를 발송해서는 안 되며, 이를 별도의 '수신 거부 목록'으로 관리하는 것이 안전합니다.

이러한 법적 기준을 준수하면서 자동화 시스템을 활용한다면, 효율적이고 체계적인 고객 소통 체계를 구축할 수 있을 것입니다.

김변호사의
스마트한 AI 활용법 II

사건 수행-문서 작성과 일정의 AI 혁신

05 CHAPTER

5.1 Notion으로 사건 관리

5.1.1 사건 · 업무 DB 한 번에, 노션으로 사건 관리 시작하기

■ 변호사를 위한 사건 정리 및 할 일 목록 생성

노션은 사건 기록, 일정 관리, 할 일, 메모를 한 곳에서 관리할 수 있는 도구입니다. 또한 의뢰인 및 직원들과도 쉽게 공유할 수 있습니다.

데이터베이스 기능으로 사건별 표를 만들어 정리할 수 있고, 캘린더 뷰로 기일·서면 제출 기한 등도 관리할 수 있습니다. 무엇보다 다양한 확장 기능이 있어 사용자의 입맛에 맞게 설정할 수 있습니다. 이번 장에선 노션을 사용하여 '사건 관리 프로그램 + 일정관리표 + 서류함 + 업무노트'로 사용하는 방법을 알아보고자 합니다.

변호사가 하나의 사건을 수임하면, 수임한 순간부터 그 사건에 관한 여러 업무들이 차례대로 생깁니다. 예를 들어, 의뢰인 김두한이 폭행, 상해사건 피의자가 된 사건이라 하겠습니다. 의뢰인 이름은 김두한, 죄명은 폭행 및 상해가 될 것입니다. 2025. 8. 15. 경찰조사를 앞두고 있으며, 2025. 8. 10. 경찰서에 의견서를 미리 낼 생각입니다. 노션으로 정리해 볼까요?

1단계: 노션 설치 및 실행

노션은 PC, MAC, Android, Apple 어느 곳에서나 사용할 수 있습니다. PC나 MAC버전은 www.notion.com/ko에 가면 다운로드하여 설치할 수 있으며, 모바일은 앱스토어나, 플레이스토어에 가서 Notion을 검색하면 마찬가지로 쉽게 설치할 수 있습니다.

노션에 파일을 업로드를 하지 않고 사용한다면 무료 버전으로 충분합니다만, PDF나 한글 word파일을 업로드하려면 월 14,000원의 비용(2025. 8. 기준)이 발생합니다.

2단계: 사건 목록 데이터베이스 만들기

일정 및 할 일을 관리하려면 데이터베이스(DB)를 만들어야 합니다. DB는 사건 목록이나 할 일 목록을 정리한 표라고 생각하면 좋겠습니다. 계획은 현재 수행 중인 사건 목록을 정리하고, 각 사건 페이지를 만들어서, 그 안에 할 일을 정리하는 것입니다.

가장 먼저 사건 목록부터 만들어 보겠습니다.

처음에 노션을 실행하면 화면에 아무것도 표시되어 있지 않습니다. 글자를 입력할 수 있는 커서만 반짝이고 있습니다. 페이지 제목은 편의상 '킴변의 일정관리'라 하겠습니다. 그럼 '데이터베이스'를 입력하고 데이터베이스–인라인을 선택합니다.

그림 5-1

그럼 아래처럼 표가 하나 만들어집니다. 데이터베이스의 이름은 '사건 DB'라 하겠습니다.

그림 5-2

이 표는 수행하고 있는 사건 목록으로 채울 겁니다.

3단계: 업무 DB 만들기

사건 DB를 만들었으니 이제는 업무 DB를 만들어 보겠습니다. 사건 DB는 사건의 목록이라면, 업무 DB는 해야 할 업무 가령 의견서 작성, 미팅, 수사입회 등의 목록을 만드는 것입니다.

사건 DB를 만든 것처럼 업무 DB도 만들어줍니다.

그림 5-3

업무 DB는 앞으로 해야 할 일들로 채울 겁니다.

4단계: 사건 DB 세팅하기

사건 DB 오른쪽 위에 새로 만들기 버튼을 눌러줍니다. 그러면 새로운 페이지가 만들어지는데, 사건 목록을 관리하기 위한 속성들을 추가해 줄 겁니다.

편의상 새 페이지 이름은 '사건'이라 하겠습니다.

'+ 속성 추가'버튼을 눌러보면, 다양한 유형의 속성들이 나타납니다.

속성 유형 중 대표적인 것을 정리하면 다음과 같습니다.

그림 5-4

속성	특징	사용례
텍스트	자유롭게 글을 입력하는 속성	의뢰인 이름, 관할 등
선택	여러 항목 중 하나만 선택 가능한 속성	사건 유형 구분 가령 민사, 형사, 자문 등
다중 선택	여러 항목 동시에 선택 가능한 속성	적용 법조, 죄명 등
전화번호		클릭하면 바로 전화 가능
파일 및 미디어	PDF 파일 등을 업로드할 수 있는 속성	정보공개청구 회신, 공소장, 상대방 서면 등을 업로드할 수 있음
날짜		마감기한 등을 설정할 수 있음
체크박스		완료 여부를 체크할 수 있음

먼저 텍스트 속성부터 만들어 보겠습니다. 속성 이름은 '의뢰인 이름'이라 하겠습니다.

그림 5-5

다음은 전화번호 속성을 만들겠습니다. 속성 이름은 '의뢰인 전화번호'입니다. 이 속성을 만들어 놓으면 모바일로 접속했을 때, 클릭 한 번으로 바로 전화가 가능합니다.

그림 5-6

그다음은 선택 속성이고 속성 이름은 '사건 유형'입니다. 옵션으로 '민사', '형사', '자문' 항목을 추가했습니다.

그림 5-7

이제 사건명을 추가합니다. 사건명은 여러 개를 선택해야 할 수도 있으므로, 다중선택 속성으로 추가합니다.

속성 내 선택할 수 있는 옵션은 언제든지 추가하고 삭제할 수 있습니다.

그림 5-8

파일 및 미디어 속성을 추가합니다. 여러 파일을 업로드할 수 있는데, 수임계약서 업로드 속성을 만들겠습니다.

그림 5-9

마지막으로 사건 종결 여부를 체크하기 위해 체크박스 속성을 만들어줍니다. 여기까지 완성되면 다음과 같은 화면이 보일 겁니다.

그림 5-10

5단계: 사건의 업무를 정리하기

이제 사건 페이지를 만들었으니 업무를 정리해 보겠습니다.

속성 아래에 '/링크된 데이터베이스 보기'를 입력한 후에, 앞서 만들었던 업무 DB를 클릭해 줍니다.

그림 5-11

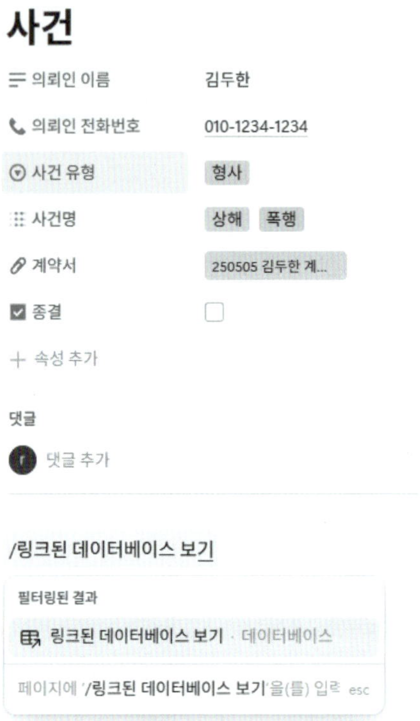

여기까지 했으면 1차적으로 사건 DB 세팅은 끝났습니다. 이제 그럼 업무 DB를 세팅하겠습니다.

6단계: 업무 DB 세팅하기

첫 화면으로 돌아와 업무 DB 우측 상단에 있는 새로 만들기 버튼을 클릭합니다. 그럼 새로운 페이지가 만들어지는데, 이제는 업무 DB에 맞는 속성들을 세팅해 주겠습니다.

먼저 다중선택 속성을 선택하여 선택 옵션으로 '의견서 작성', '의뢰인 미팅', '전화하기', '구치소 접견', '수사 입회', '법정 출석' 항목을 만들어 줍니다.

그리고 날짜 속성을 선택하여 마감 기한 항목을 만듭니다. 업무 완료 여부를 선택할 수 있는 체크박스 속성을 만들어 줍니다.

마지막으로 업무 내용이 어떤 사건인지 연결할 수 있도록 관계형 속성을 선택하여, 사건 DB를 선택해 줍니다.

그림 5-12

완성된 내용은 아래처럼 표시됩니다.

그림 5-13

여기까지 따라오셨다면 이제 업무 DB 세팅까지 완료된 셈입니다. 마무리도 얼마 남지 않았습니다.

7단계: 보기 설정

첫 화면으로 돌아오면 아래처럼 사건 DB에 사건이 업무 DB에 업무가 올라와 있습니다.

그림 5-14

업무 DB는 날짜 속성이 있기에, 달력 보기로 설정해 보겠습니다. 달력보기를 설정하면, 해야 될 업무를 달력으로 직관적으로 볼 수 있습니다.

추가적으로 DB는 필터 설정을 하여 보고 싶은 항목만 표시하거나, 완료된 항목은 표시되지 않게 할 수도 있습니다. 그 밖에 속성들은 변호사님들 개인 상황에 맞춰서 추가 변경할 수 있습니다.

그림 5-15

8단계: 완성례

한 번만 시간을 갖고 따라 해보시면, 생각보다 쉽다고 느끼실 겁니다. 가장 큰 장점은 변호사님들이 필요한 속성들을 쉽게 추가해 맞춤화할 수 있다는 점입니다. 이렇게 만든 페이지는 협업하는 변호사님이나 일을 도와주시는 직원 분들 그리고 의뢰인에게도 쉽게 공유할 수 있습니다.

그림 5-16

킴변의 일정관리

사건 DB

새로 만들기

이름	사건 유형	사건명	업무 DB	☑
박피해	형사	강제추행	엄벌탄원서	☐
김두한	형사	상해, 폭행	증거보전신청, 1차 조사	☐
이원고	민사	불법행위 손배	소장 작성	☐
(주)승소	자문	부정경쟁방지법	김과장 통화	☐

+ 새 페이지

업무 DB

표 캘린더 새로 만들기

사건	이름	업무 내용	관할	날짜	완료
김두한	증거보전신청	의견서 작성	강남경찰서 수사3팀	2025년 5월 6일 오후 2:00	☐
(주)승소	김과장 통화	전화 하기		2025년 5월 8일 오후 3:00	☐
김두한	1차 조사	수사 입회	강남경찰서 수사3팀	2025년 5월 15일 오전 10:00	☐
박피해	엄벌탄원서	의견서 작성	중랑경찰서 여청3팀	2025년 5월 22일 오전 12:00	☐
이원고	소장 작성	의견서 작성	서울행정법원	2025년 5월 31일 오전 12:00	☐

+ 새 페이지

5.1.2 사건 페이지, 의뢰인과 동료에게 똑똑하게 열어주기

노션의 모든 페이지는 제3자와 공유할 수 있습니다. 공유받은 사람은 설정된 권한에 따라 보기만 할 수도 있고, 편집을 할 수도 있습니다. 비서에게 사건 정리 권한을 부여할 수도 있고, 의뢰인에게 사건 페이지를 공유하여 현재 진행 상황을 알려줄 수도 있습니다.

공유 방법은 크게 두 가지가 있습니다. 첫째, 상대방의 이메일을 입력해 직접 공유하는 방법입니다. 둘째, 페이지의 URL을 생성해 링크 형태로 전달하는 방법입니다.

방법은 간단합니다. 노션 페이지 우측 상단의 [공유] 버튼을 클릭하면 됩니다.

그림 5-17

이메일을 입력하여 초대하기를 누르면 메일 주소를 통해 상대방에게 노션 페이지 내용을 공유할 수 있습니다.

그림 5-18

두 번째 방법은 URL 링크를 생성해 공유하는 방식입니다. 상대방의 이메일 주소를 몰라도 링크만 전달하면 간

편하게 접근할 수 있다는 장점이 있습니다. 다만, 링크를 아는 누구나 접속할 수 있으므로 외부에 공개하거나 게시할 때는 반드시 보안에 유의해야 합니다.

5.1.3 의뢰인이 직접 채워주는 사건 페이지 만들기

이번 장에서는 '게시하기' 방법으로 공유하는 경우를 가정해 설명해 보겠습니다. 공유 설정에서 '링크가 있는 웹의 사용자가 편집할 수 있도록 허용'으로 설정한 뒤 의뢰인과 URL을 공유하면, 의뢰인은 사건 진행 상황을 언제든지 확인할 수 있습니다. 또한 변호사가 사건 파악을 위해 마련한 설문지, 의뢰인이 제출하려는 증거, 변호사에게 원하는 방향성까지 함께 공유할 수 있어 효율적인 소통이 가능합니다.

그림 5-19

'김두한'이라는 의뢰인의 사건 페이지는 위 사진처럼 진행되고 있다고 가정하겠습니다.

'상해 및 폭행' 사건임을 알 수 있고, 앞으로 예정된 업무는 'CCTV 증거보전 신청'과 '1차 피의자 조사'가 있습니다.

또한 위 페이지는 의뢰인과 공유되고 있으며, 의뢰인도 위 페이지를 수정할 수 있습니다.

먼저 사건 파악을 위한 설문지를 받아보겠습니다. 이를 위해 '김두한' 페이지 내에 새로운 페이지를 만들어주고 그 제목을 설문지라 하겠습니다.

그림 5-20

페이지를 입력하여 새로운 페이지를 만들 수 있습니다.

설문지는 변호사님의 필요에 맞게 자유롭게 작성하시면 됩니다. 예를 들어 형사 사건에서 아래와 같은 항목을 설문지로 활용할 수 있습니다. 공유 설정을 '편집 허용'으로 해두었기 때문에 의뢰인은 공유된 URL로 노션 페이지에 접속해 직접 내용을 작성할 수 있습니다.

그림 5-21

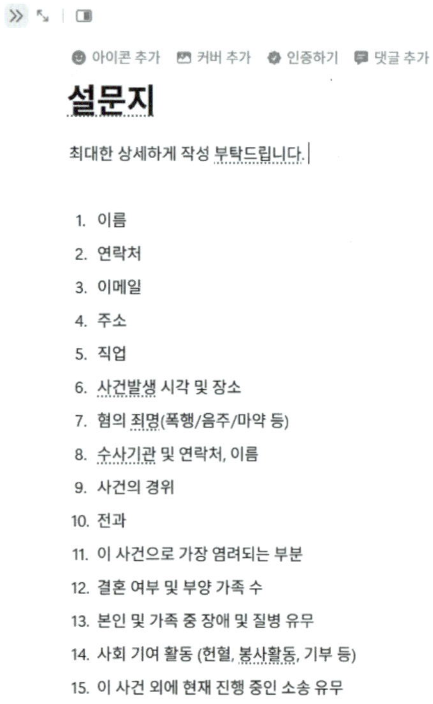

다시 '김두한' 페이지로 돌아와 '제출한 증거 및 자료'와 '사건 방향에 대한 의견' 페이지를 만들어줍니다. 완성되면 아래와 같습니다.

그림 5-22

의뢰인은 URL 링크만 있으면 언제든 접속해 사건 진행 방향, 제출할 증거와 자료를 직접 업로드할 수 있습니다. 일반적으로 카카오톡이나 이메일로 자료를 주고받지만, 이 경우 하나하나 다운로드해 실제 사건과 다시 매칭해야 하는 번거로움이 있습니다. 반면 Notion을 활용하면 이러한 불편을 크게 줄일 수 있습니다.

5.1.4 방대한 사건 기록, Notion AI로 핵심만 요약하기

그림 5-23

화면 우측 하단에 사람 얼굴 모양 아이콘이 있습니다. 이를 클릭하면 Notion AI를 실행할 수 있습니다. 현재 페이지를 요약하거나, 하위 페이지의 내용까지 확인할 수 있어 사건 자료가 방대해질수록 일일이 찾아볼 필요가 없다는 장점이 있습니다.

아래 예시처럼 설문지 내용을 요약하고, 제출할 증거와 의뢰인의 요청 사항까지 깔끔하게 정리해 주는 것을 확인할 수 있습니다.

그림 5-24

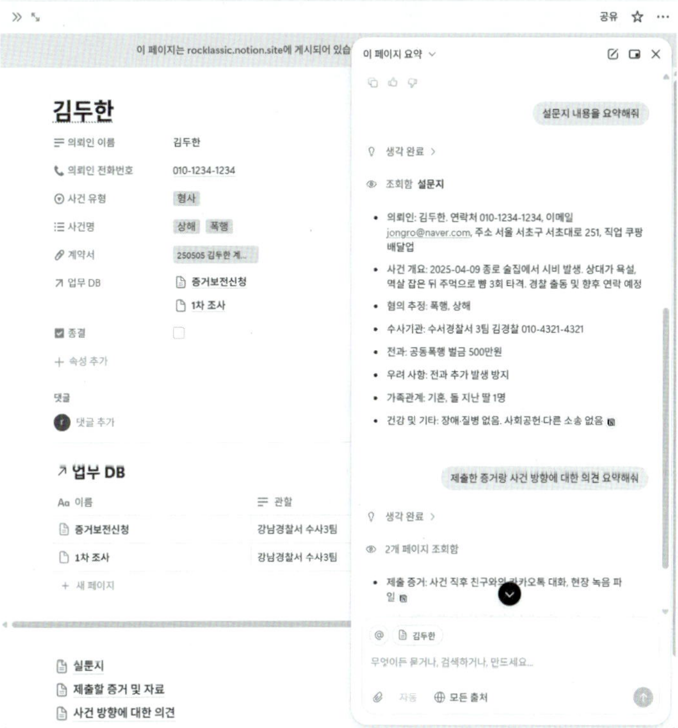

5.1.5 ChatGPT와 Notion을 연결해 더 강력하게 쓰는 법

Notion AI는 성능이 ChatGPT에 비해 부족해, 때로는 더 강력한 기능이 필요할 때가 있습니다. 이런 경우에는 'Ask Notion'이라는 '나만의 ChatGPT' 사용을 추천합니다. 'Ask Notion'은 개발자 GreciaH JavierCanizalez가 만든 도구로, Notion 페이지의 내용을 간편하게 불러와 활용할 수 있도록 설계된 맞춤형 ChatGPT입니다.

그림 5-25

채팅을 시작한 뒤 '김두한 페이지를 요약해 줘'라고 입력하면, Notion 계정과의 연결 요청이 표시됩니다. 이때 노션 아이디로 로그인하면 바로 사용할 수 있습니다.

그림 5-26

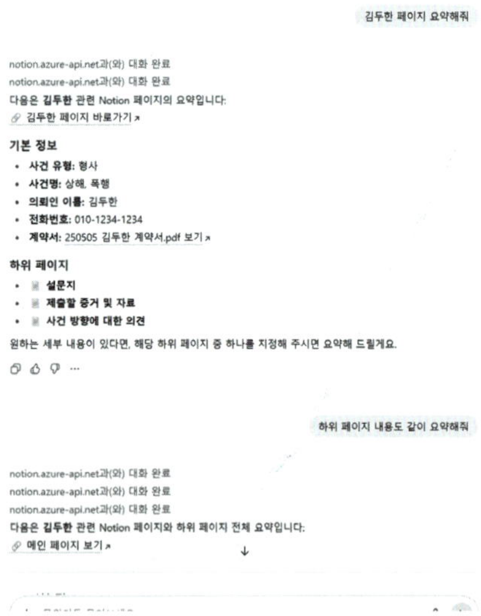

'김두한 페이지를 요약해 달라'고 요청하면 ChatGPT가 해당 내용을 정리해 줍니다. 또 "10년 차 형사 변호사로서 앞으로 사건을 어떻게 진행하면 좋을까?"라고 물어보면, 나름 괜찮은 답변을 확인할 수 있습니다. 물론 ChatGPT의 답변을 그대로 신뢰할 수는 없지만, 이 답변들을 기반으로 의뢰인과 공유할 Notion 페이지를 채워 나가는 데 충분히 활용할 수 있습니다.

그림 5-27

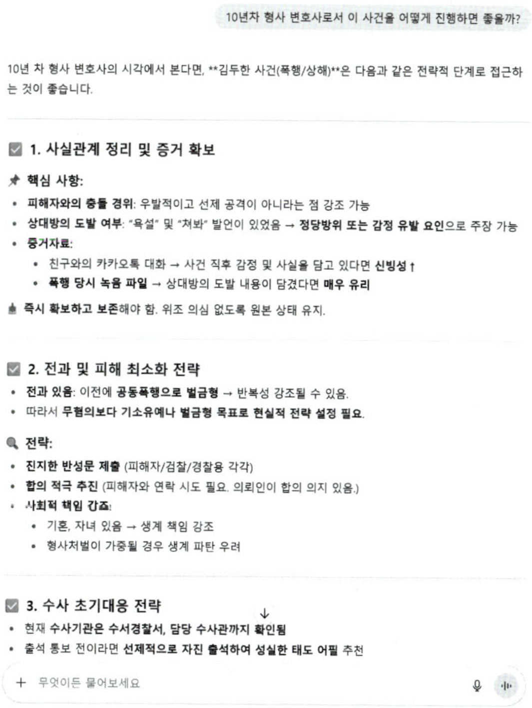

5.2 NotebookLM과 함께하는 효율적 리서치

"맨날 야근인데, 새로운 법을 언제 다 공부하지?"

"이 복잡한 판결문, 좀 더 쉽게 이해할 방법 없을까?"

"수많은 법률 자료, 어떻게 체계적으로 정리할 수 있을까?"

개업 변호사님들, 늘 시간에 쫓기고 인력은 부족한데 처리해야 할 법률문제는 끝도 없이 쌓여 있죠. 저도 변호사로서 그 어려움을 누구보다 잘 압니다. 하지만 걱정 마세요! 구글의 AI 기반 연구 도구 NotebookLM이 그 부담을 덜어줄 수 있습니다.

복잡한 문서 분석과 정보 정리에 특화된 NotebookLM은 변호사님들의 든든한 AI 비서가 되어줄 거예요. NotebookLM을 활용하면 새로운 분야의 법률을 빠르게 익히고, 어려운 판결문을 꼼꼼히 분석하며, 나만의 법률 자료를 체계적으로 축적할 수 있습니다.

이제, NotebookLM이 어떻게 변호사님의 업무 방식을 바꿔줄 수 있는지 함께 살펴보겠습니다.

5.2.1 최신판 NotebookLM, 판례까지 읽어주는 AI 비서

NotebookLM, 최근 큰 변화를 맞이했다는 소식 들으셨나요? 변호사님들의 업무에 바로 적용할 수 있는 최신 업데이트 기능들을 소개해 드리겠습니다.

AI가 읽어주는 팟캐스트? 'AI 음성 개요' 기능!

긴 판결문이나 논문을 읽다 보면 눈이 피로하고 지칠 때 많으시죠? 이럴 때 NotebookLM의 AI 음성 개요 기능이 빛을 발합니다. 복잡한 법률 문서를 마치 두 명의 전문가가 대화하는 팟캐스트처럼 변환해 들려주는데요, 무려 50개 이상의 언어를 지원하고 우리말도 완벽하게 소화합니다.

그렇다면 변호사님 업무에는 어떻게 활용할 수 있을까요? 긴 대법원 판결문을 NotebookLM에 업로드한 뒤 AI 오디오 오버뷰의 생성 기능을 실행해 보세요. 핵심 쟁점과 판결 요지를 대화 형식의 음성 콘텐츠로 변환해 줍니다. 출퇴근길 지하철이나 운전 중에도 라디오 듣듯 귀로 판례를 학습할 수 있으니, 자투리 시간을 활용해 똑똑하게 공부하는 방법으로 손색이 없습니다. 정말 매력적이지 않나요?

그림 5-28

손 안의 법률 비서, '모바일 앱' 출시!

2025년 5월 중순, 드디어 NotebookLM 모바일 앱이 출시되었습니다. 구글의 공식 발표에 따르면, 이 앱은 변호사님들의 일상에 가져올 실용적인 변화들이 정말 많습니다.

- **PC와 모바일의 완벽한 동기화:** 계정을 연결하면 사무실 PC에서 저장해 놓은 판례, 법령, 계약서 등의 모든 데이터가 모바일에서도 그대로! 이 자료들을 바탕으로 AI 오디오 오버뷰 기능을 활용할 수 있어, 법원 대기실에서나 지하철에서도 네트워크 걱정 없이 나만의 맞춤형 법률 콘텐츠를 들을 수 있습니다.
- **오프라인에서 듣는 법률 강의:** 백그라운드 재생까지 지원되니, 다른 업무를 하면서도 틈틈이 내가 미리 준비해 둔 법률 자료들을 오디오로 복습할 수 있습니다.

그림 5-29

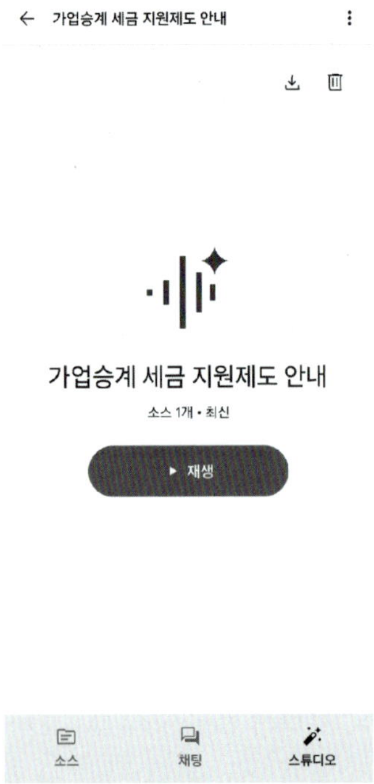

- **실시간으로 자료 저장하기:** 웹에서 중요한 판례나 법률 정보를 발견했을 때, 스마트폰의 '소스 추가' 버튼 하나로 NotebookLM에 바로 보낼 수 있어요. 대법원 종합법률정보 사이트에서 찾은 따끈따끈한 판례, Youtube에서 본 새로운 정보를 즉시 내 노트북에 추가해서 분석할 수 있습니다.

그림 5-30

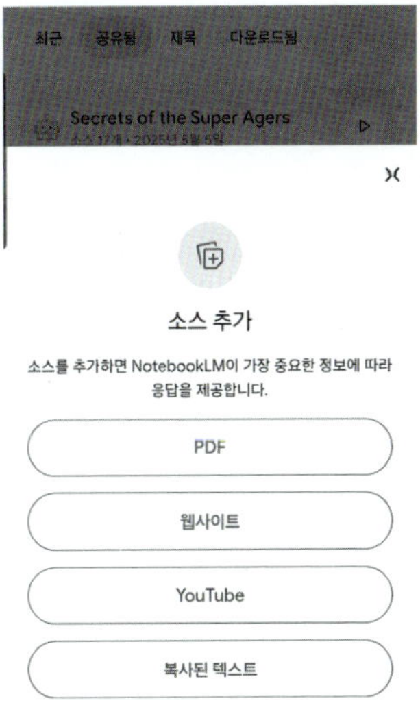

이젠 웹 자료도 척척! '웹소스 추가' 및 '소스 검색' 기능

예전에는 직접 문서를 업로드해야 해서 번거로웠죠. 이제는 그럴 필요가 없습니다. '소스 검색' 기능을 이용하면 특정 주제와 관련된 자료를 AI가 자동으로 찾아 추가해 줍니다. 구글의 소개에 따르면, 관심있는 주제를 입력하기만 해도 웹에서 가장 연관성 높은 자료를 최대 10개까지 선별해 준다고 합니다.

활용법은 간단합니다.

'소스 검색'을 클릭한 뒤 "상법 개정안 주요 내용"을 입력해 보세요. 관련 법령, 새로운 해석례, 학술논문, 실무 가이드까지 자동으로 검색해 노트북에 정리됩니다. 자료 찾는 시간이 크게 줄어들겠죠?

그림 5-31

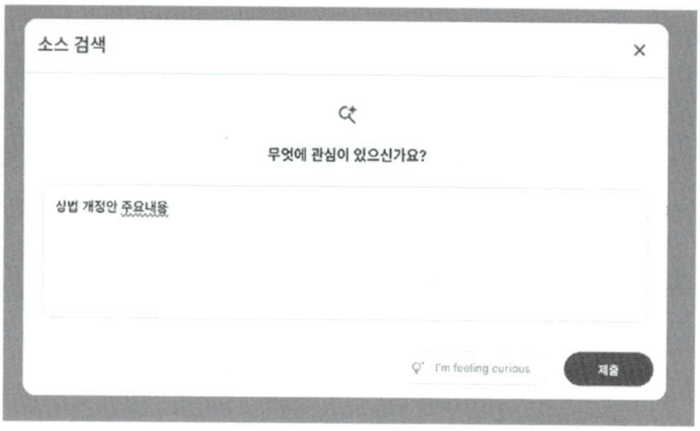

그림 5-32

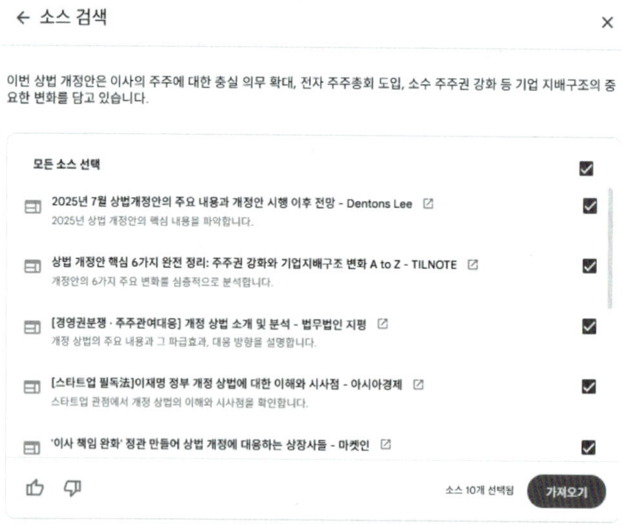

복잡한 내용도 한눈에! '시각화 기능'과 '학습 도구'

새롭게 추가된 마인드맵 기능은 복잡한 법률관계를 그림처럼 한눈에 정리하는 데 정말 유용합니다.

그림 5-33

그림 5-34

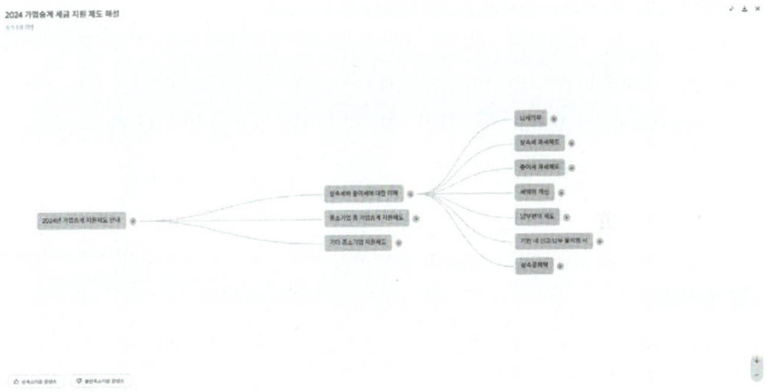

게다가 **학습 가이드 기능**으로 새로 배운 법률 지식을 스스로 점검하고 복습할 수 있습니다.

그림 5-35

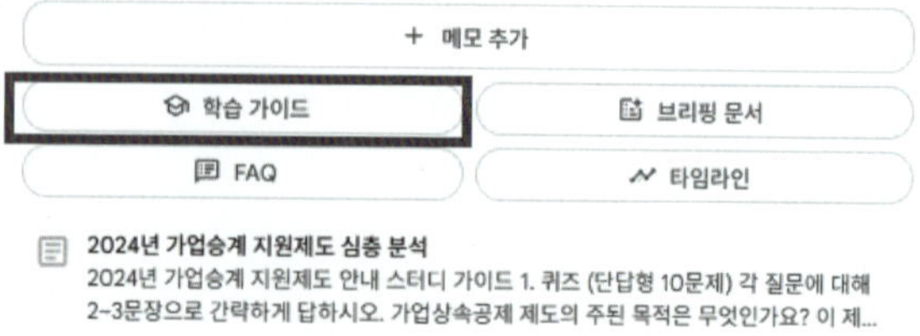

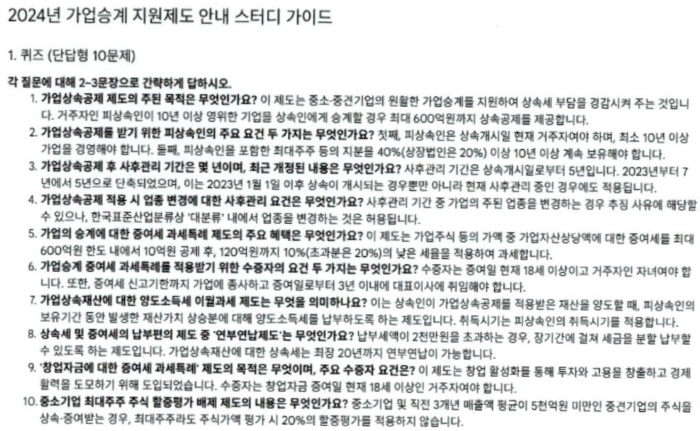

2024년 가업승계 지원제도 안내 스터디 가이드

1. 퀴즈 (단답형 10문제)

각 질문에 대해 2~3문장으로 간략하게 답하시오.

1. **가업상속공제 제도의 주된 목적은 무엇인가요?** 이 제도는 중소·중견기업의 원활한 가업승계를 지원하여 상속세 부담을 경감시켜 주는 것입니다. 거주자인 피상속인이 10년 이상 영위한 기업을 상속인에게 승계할 경우 최대 600억원까지 상속공제를 제공합니다.
2. **가업상속공제를 받기 위한 피상속인의 주요 요건 두 가지는 무엇인가요?** 첫째, 피상속인은 상속개시일 현재 거주자여야 하며, 최소 10년 이상 가업을 경영해야 합니다. 둘째, 피상속인을 포함한 최대주주 등의 지분을 40%(상장법인은 20%) 이상 10년 이상 계속 보유해야 합니다.
3. **가업상속공제 후 사후관리 기간은 몇 년이며, 최근 개정된 내용은 무엇인가요?** 사후관리 기간은 상속개시일로부터 5년입니다. 2023년부터 7년에서 5년으로 단축되었으며, 이는 2023년 1월 1일 이후 상속이 개시되는 경우뿐만 아니라 현재 사후관리 중인 경우에도 적용됩니다.
4. **가업상속공제 적용 시 업종 변경에 대한 사후관리 요건은 무엇인가요?** 사후관리 기간 중 가업의 주된 업종을 변경하는 경우 추징 사유에 해당할 수 있으나, 한국표준산업분류상 '대분류' 내에서 업종을 변경하는 것은 허용됩니다.
5. **가업의 승계에 대한 증여세 과세특례 제도의 주요 혜택은 무엇인가요?** 이 제도는 가업주식 등의 가액 중 가업자산상당액에 대한 증여세를 최대 600억원 한도 내에서 10억원 공제 후, 120억원까지 10%(초과분은 20%)의 낮은 세율을 적용하여 과세합니다.
6. **가업승계 증여세 과세특례를 적용받기 위한 수증자의 요건 두 가지는 무엇인가요?** 수증자는 증여일 현재 18세 이상이고 거주자인 자녀여야 합니다. 또한, 증여세 신고기한까지 가업에 종사하고 증여일로부터 3년 이내에 대표이사에 취임해야 합니다.
7. **가업상속재산에 대한 양도소득세 이월과세 제도는 무엇을 의미하나요?** 이는 상속인이 가업상속공제를 적용받은 재산을 양도할 때, 피상속인의 보유기간 동안 발생한 재산가치 상승분에 대해 양도소득세를 납부하도록 하는 제도입니다. 취득시기는 피상속인의 취득시기를 적용합니다.
8. **상속세 및 증여세의 납부편의 제도 중 '연부연납제도'는 무엇인가요?** 납부세액이 2천만원을 초과하는 경우, 장기간에 걸쳐 세금을 분할 납부할 수 있도록 하는 제도입니다. 가업상속재산에 대한 상속세는 최장 20년까지 연부연납이 가능합니다.
9. **'창업자금에 대한 증여세 과세특례' 제도의 목적은 무엇이며, 주요 수증자 요건은?** 이 제도는 창업 활성화를 통해 투자와 고용을 창출하고 경제 활력을 도모하기 위해 도입되었습니다. 수증자는 창업자금 증여일 현재 18세 이상인 거주자여야 합니다.
10. **중소기업 최대주주 주식 할증평가 배제 제도의 내용은 무엇인가요?** 중소기업 및 직전 3개년 매출액 평균이 5천억원 미만인 중견기업의 주식을 상속·증여받는 경우, 최대주주라도 주식가액 평가 시 20%의 할증평가를 적용하지 않습니다.

NotebookLM에 등록한 판결문의 사건의 시간 흐름을 파악해야 할 때는 타임라인 기능을 활용해 보세요.

그림 5-36

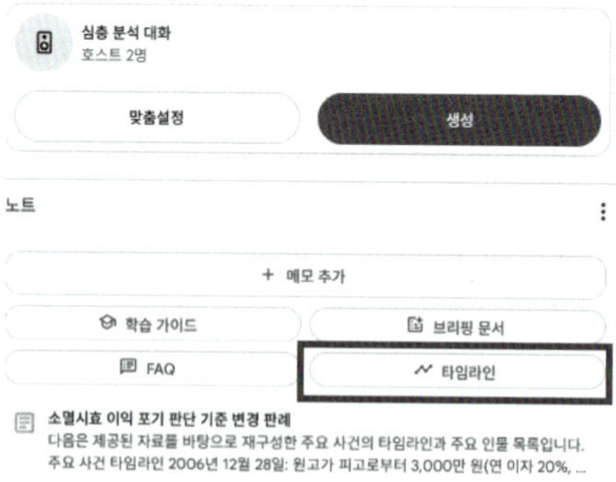

그림 5-37

소멸시효 이익 포기 판단 기준 변경 판례

(저장된 대답은 보기 전용입니다.)

다음은 제공된 자료를 바탕으로 재구성한 주요 사건의 타임라인과 주요 인물 목록입니다.

주요 사건 타임라인

- **2006년 12월 28일**: 원고가 피고로부터 3,000만 원(연 이자 20%, 변제기 2009년 12월 31일)을 빌리고, 이를 담보하기 위해 원고 소유 부동산에 채권최고액 1억 5,000만 원의 제1 근저당권 설정 등기를 마침 (제1 차용금).
- **2009년 6월 20일**: 원고가 피고로부터 9,000만 원(이자 없음, 변제기 2009년 12월 30일)을 추가로 빌림 (제2 차용금).
- **2011년 1월 25일**: 원고가 피고로부터 2,000만 원(이자 및 변제기 없음)을 추가로 빌림 (제3 차용금).
- **2015년 11월 2일**: 원고가 피고로부터 1억 원(변제기 2016년 11월 1일)을 추가로 빌리고, 원고 소유 부동산에 채권최고액 2억 원의 제2 근저당권 설정 등기를 마침. 이때 작성된 차용증에는 '전 미수금 1억 4,000만 원 합계 2억 4,000만 원', '이자 연 150만 원(월 150만 원 오기) 매월 30일 지급'이라고 기재됨 (제4 차용금).
- **2016년 2월 6일 ~ 2017년 7월 6일**: 원고가 피고에게 총 1,800만 원을 송금 (제4 차용금의 12개월분 약정 이자와 일치하는 금액).
- **2019년 4월 8일**: 피고의 경매 신청에 따라 원고 소유 부동산에 대한 임의경매 절차 개시.
- **2020년 1월 8일**: 경매 배당기일. 실제 배당할 금액 546,597,075원 중 461,436,162원이 제1, 2 근저당권자인 피고에게, 잉여금 43,984,345원이 채무자 겸 소유자인 원고에게 배당되는 내용의 배당표 작성.
- **2023년 4월 28일**: 인천지방법원 2021나64385 판결 선고 (원심 판결). 원심은 원고가 제1, 2 차용금 이자채무에 대한 소멸시효 완성의 이익을 포기했다고 판단하여 원고의 주장을 배척함.
- **2025년 7월 24일**: 대법원 2023다240299 배당이의의 소 판결 선고. 대법원은 원심판결 중 원고 패소 부분을 파기하고, 사건을 인천지방법원에 환송함. 다수의견은 기존의 '추정 법리'를 폐기하고, 시효이익 포기 여부는 개별 사안의 여러 사정을 종합적으로 고려하여 객관적이고 합리적으로 판단해야 한다고 판시함. 별개의견은 결론에는 동의하나 '추정 법리' 폐기에는 반대 의견을 표명함.

아쉽게도 모바일 앱에서는 아직 마인드맵, FAQ, 학습 가이드, 타임라인, 브리핑 문서 생성 기능이 제한적이라고 해요. 이런 기능들을 제대로 쓰고 싶다면 웹 버전을 이용하는 것을 추천합니다.

5.2.2 단순 요약을 넘어, 법리까지 챙기는 판결문 브리핑

내 사건과 관련된 판결문을 찾고 분석해야 하는데 너무 길고 복잡해서 막막했던 경험 있으시죠? 시중 AI 요약 도구들을 써보면, 사실관계와 결론만 던져줘서 답답할 때가 많으셨을 겁니다. 실제 법무 업무에서는 쟁점별 판단 근거, 법리 분석, 유사 판례 비교처럼 더 깊이 있는 내용이 필요합니다.

NotebookLM은 이런 갈증을 시원하게 해소해 줍니다. 판결문을 다각도로 분석해 변호사님께 꼭 필요한 정보를 체계적으로 정리해 줍니다.

NotebookLM과 함께하는 판결문 분석, 이렇게 해보세요!

단계별 분석 프로세스

1) 판결문 업로드: PDF 형태의 판결문을 컴퓨터에서 직접 올리거나, 대법원 판결문일 경우 대법원 종합법률정보 사이트의 URL을 입력하면 됩니다. 예를 들어, 소멸시효 완성 후 일부 채무 변제 시 시효이익 포기로 추정하는 기존 판례를 변경한 대법원 2023다240299 판결을 NotebookLM 노트에 업로드해 보겠습니다.

그림 5-38

2) 관련 자료도 함께: '소스 검색' 기능을 활용하면 해당 사건과 관련된 법령, 유사 판례, 학술논문까지 한 번에 찾아 NotebookLM에 추가할 수 있습니다. 이렇게 모은 자료를 기반으로 하면 훨씬 풍부하고 정밀한 분석이 가능해집니다.
3) 맞춤형 브리핑 문서 만들기: 이제 NotebookLM의 '브리핑 문서' 기능을 눌러보세요.

단순한 요약을 넘어, 법리적인 분석까지 포함된 종합적인 브리핑 문서를 만들어줄 거예요.

그림 5-39

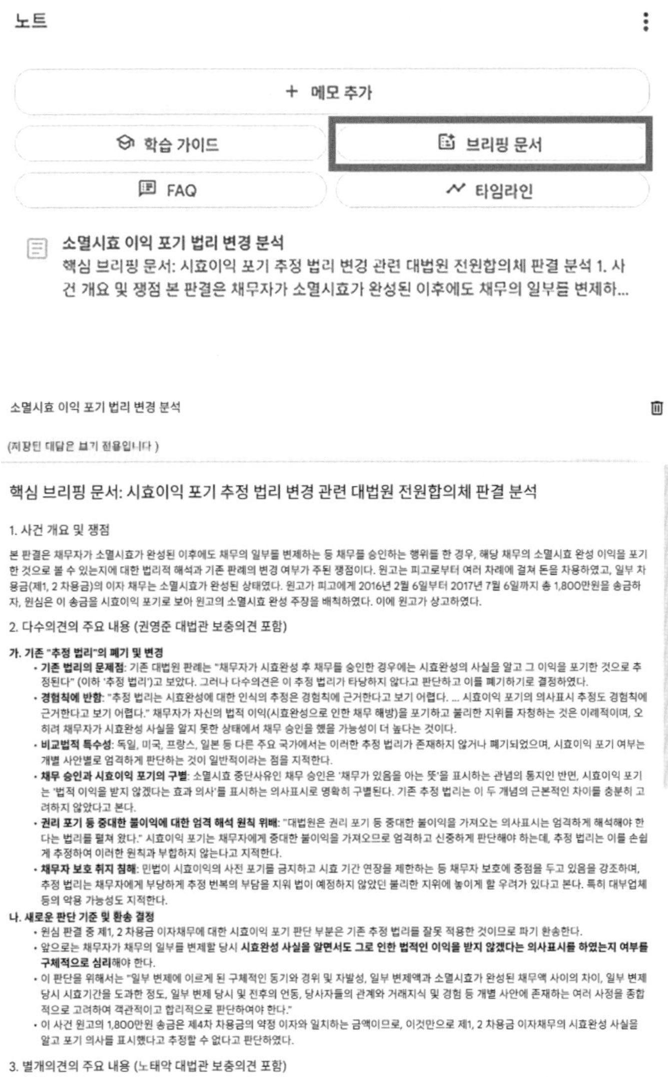

노트

\+ 메모 추가

학습 가이드 | 브리핑 문서

FAQ | 타임라인

소멸시효 이익 포기 법리 변경 분석
핵심 브리핑 문서: 시효이익 포기 추정 법리 변경 관련 대법원 전원합의체 판결 분석 1. 사건 개요 및 쟁점 본 판결은 채무자가 소멸시효가 완성된 이후에도 채무의 일부를 변제하...

소멸시효 이익 포기 법리 변경 분석

(저장된 대답은 보기 전용입니다)

핵심 브리핑 문서: 시효이익 포기 추정 법리 변경 관련 대법원 전원합의체 판결 분석

1. 사건 개요 및 쟁점

본 판결은 채무자가 소멸시효가 완성된 이후에도 채무의 일부를 변제하는 등 채무를 승인하는 행위를 한 경우, 해당 채무의 소멸시효 완성 이익을 포기한 것으로 볼 수 있는지에 대한 법리적 해석과 기존 판례의 변경 여부가 주된 쟁점이다. 원고는 피고로부터 여러 차례에 걸쳐 돈을 차용하였고, 일부 차용금(제1, 2 차용금)의 이자 채무는 소멸시효가 완성된 상태였다. 원고가 피고에게 2016년 2월 6일부터 2017년 7월 6일까지 총 1,800만원을 송금하자, 원심은 이 송금을 시효이익 포기로 보아 원고의 소멸시효 완성 주장을 배척하였다. 이에 원고가 상고하였다.

2. 다수의견의 주요 내용 (권영준 대법관 보충의견 포함)

가. 기존 "추정 법리"의 폐기 및 변경

- **기존 법리의 문제점**: 기존 대법원 판례는 "채무자가 시효완성 후 채무를 승인한 경우에는 시효완성의 사실을 알고 그 이익을 포기한 것으로 추정된다" (이하 '추정 법리')고 보았다. 그러나 다수의견은 이 추정 법리가 타당하지 않다고 판단하고 이를 폐기하기로 결정하였다.
- **경험칙에 반함**: "추정 법리는 시효완성에 대한 인식의 추정은 경험칙에 근거한다고 보기 어렵다. ... 시효이익 포기의 의사표시 추정도 경험칙에 근거한다고 보기 어렵다." 채무자가 자신의 법적 이익(시효완성으로 인한 채무 해방)을 포기하고 불리한 지위를 자청하는 것은 이례적이며, 오히려 채무자가 시효완성 사실을 알지 못한 상태에서 채무 승인을 했을 가능성이 더 높다는 것이다.
- **비교법적 특수성**: 독일, 미국, 프랑스, 일본 등 다른 주요 국가에서는 이러한 추정 법리가 존재하지 않거나 폐기되었으며, 시효이익 포기 여부는 개별 사안별로 엄격하게 판단하는 것이 일반적이라는 점을 지적한다.
- **채무 승인과 시효이익 포기의 구별**: 소멸시효 중단사유인 채무 승인은 '채무가 있음을 아는 뜻'을 표시하는 관념의 통지인 반면, 시효이익 포기는 '법적 이익을 받지 않겠다는 효과 의사'를 표시하는 의사표시로 명확히 구별된다. 기존 추정 법리는 이 두 개념의 근본적인 차이를 충분히 고려하지 않았다고 본다.
- **권리 포기 등 중대한 불이익에 대한 엄격 해석 원칙 위배**: "대법원은 권리 포기 등 중대한 불이익을 가져오는 의사표시는 엄격하게 해석해야 한다는 법리를 펼쳐 왔다." 시효이익 포기는 채무자에게 중대한 불이익을 가져오므로 엄격하고 신중하게 판단해야 하는데, 추정 법리는 이를 손쉽게 추정하여 이러한 원칙과 부합하지 않는다고 지적한다.
- **채무자 보호 취지 침해**: 민법이 시효이익의 사전 포기를 금지하고 시효 기간 연장을 제한하는 등 채무자 보호에 중점을 두고 있음을 강조하며, 추정 법리는 채무자에게 부당하게 추정 번복의 부담을 지워 법이 예정하지 않았던 불리한 지위에 놓이게 할 우려가 있다고 본다. 특히 대부업체 등의 악용 가능성도 지적한다.

나. 새로운 판단 기준 및 환송 결정

- 원심 판결 중 제1, 2 차용금 이자채무에 대한 시효이익 포기 판단 부분은 기존 추정 법리를 잘못 적용한 것이므로 파기 환송한다.
- 앞으로는 채무자가 채무의 일부를 변제할 당시 **시효완성 사실을 알면서도 그로 인한 법적인 이익을 받지 않겠다는 의사표시를 하였는지 여부를 구체적으로 심리**해야 한다.
- 이 판단을 위해서는 "일부 변제에 이르게 된 구체적인 동기와 경위 및 자발성, 일부 변제액과 소멸시효가 완성된 채무액 사이의 차이, 일부 변제 당시 시효기간을 도과한 정도, 일부 변제 당시 및 전후의 언동, 당사자들의 관계와 거래지식 및 경험 등 개별 사안에 존재하는 여러 사정을 종합적으로 고려하여 객관적이고 합리적으로 판단하여야 한다."
- 이 사건 원고의 1,800만원 송금은 제4차 차용금의 약정 이자와 일치하는 금액이므로, 이것만으로 제1, 2 차용금 이자채무의 시효완성 사실을 알고 포기 의사를 표시했다고 추정할 수 없다고 판단하였다.

3. 별개의견의 주요 내용 (노태악 대법관 보충의견 포함)

4) 실무 가이드까지 얻어가세요!: 여기서 끝이 아닙니다. "이번 판례 변경으로 인해 소멸시효 관련 소송에서 원

고와 피고의 소송전략은 어떻게 달라져야 할까요? 특히 일부 변제가 있었던 사건에서 각각 어떤 점을 중점적으로 주장하고 입증해야 하는지 구체적으로 알려주세요."

이와 같이 추가 질문을 던지면 실제 업무에 바로 적용할 수 있는 실무 지침까지 얻을 수 있습니다.

그림 5-40

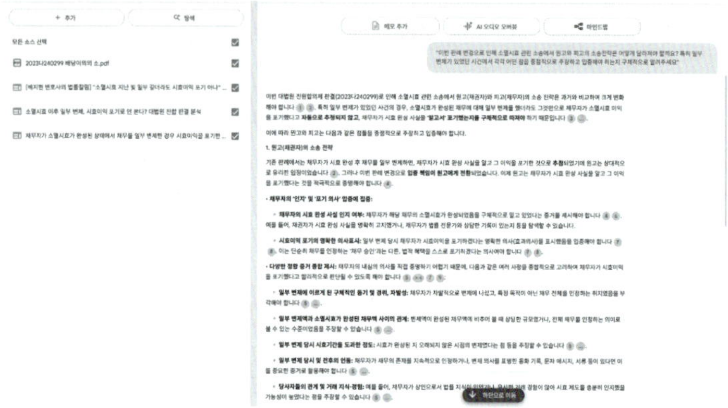

실제 판결문 분석, 어떻게 달라질까요?

예를 들어, 상가건물 임대차 분쟁 판결문을 분석한다고 가정해 봅시다.

- 기존 방식: 판결 결과와 기본 사실관계만 대략 파악하는 수준에 그치기 쉽습니다.
- NotebookLM 방식: 권리금 회수 요건, 임대인의 정당한 거절 사유, 관련 법령의 해석, 유사 사안에서의 법원 판단까지 한데 묶어 종합적으로 분석해 줍니다.

이렇게 하면 단순히 판결 내용을 확인하는 데서 그치

지 않고, 앞으로 유사한 사건을 맡았을 때 어떻게 대응해야 할지에 대한 실질적인 가이드라인까지 얻을 수 있습니다. 정말 든든한 AI 비서 같지 않나요?

5.2.3 새로운 법률, NotebookLM으로 빠르게 공부하는 법

새로운 분야의 법률을 공부해야 할 때 막막한 경우가 많으시죠? 이럴 때 NotebookLM은 체계적인 학습 도구가 되어줄 수 있습니다. 특히 '중소기업 가업승계 세제'처럼 전문성과 복잡성이 높은 분야라면 그 효과는 더욱 크게 다가올 것입니다.

NotebookLM으로 중소기업 가업승계 세제를 어떻게 공부할 수 있는지 함께 살펴보겠습니다.

1단계: 핵심 자료 모으기

- 중소기업중앙회 홈페이지에 있는 가업승계 세제 자료실의 중소벤처기업부의 2024 가업승계 세제 상담 사례집을 PDF 형태로 다운로드해서 업로드하세요(참고로 이 자료는 2025년 1월 2일에 공개되었습니다).

그림 5-41

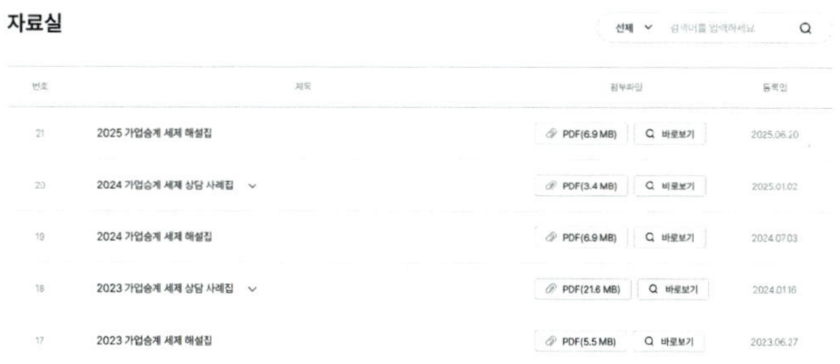

- **관련 세법 조문**(상속세 및 증여세법, 조세특례제한법 등)**도 꼭 넣어주세요**(주의! NotebookLM은 국가법령정보센터의 링크를 읽지 못하므로 인쇄하여 PDF 파일 형태로 넣는 것을 권장드립니다).
- 국세법령정보 시스템에 있는 예규나 해석사례도 함께 넣어주면 더욱 좋습니다.

그림 5-42

2단계: 실무 사례까지 추가!

앞서 소개드린 '소스 검색' 기능을 활용해서 "가업승계증여세과세특례 10년 가업기간"이라고 검색해 보세요. 검색할 때 원하는 내용을 구체적이고 명확하게 질문할수록 더 정확하고 유용한 검색 결과를 얻을 수 있습니다.

그림 5-43

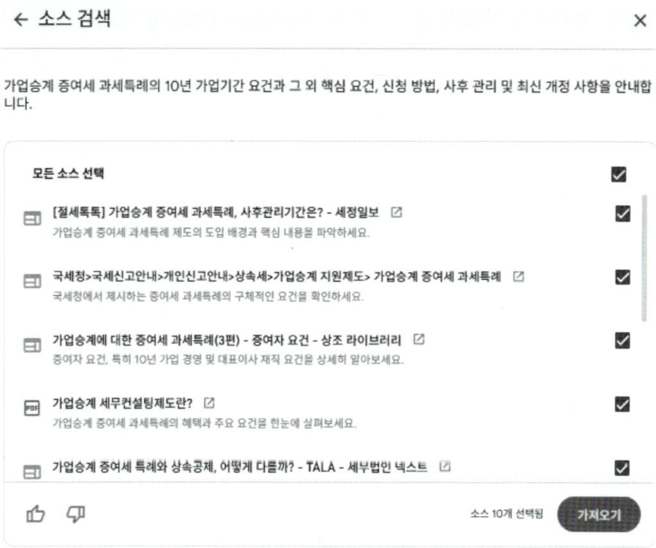

다양한 실무 사례와 해석이 자동으로 수집될 겁니다. 이렇게 모인 자료들은 나중에 실제 의뢰인 상담할 때 정말 큰 도움이 됩니다.

3단계: 앞서 소개한 똑똑한 학습 도구 활용하기

- 마인드맵: 가업승계 세제의 복잡한 구조를 그림으로 그려주니 한눈에 파악하기 정말 좋습니다.
- 퀴즈 생성: 핵심 요건을 문제로 만들어주니, 스스로 학습 효과를 점검하기에 최적입니다.
- FAQ 생성: 의뢰인들이 자주 물어볼 만한 질문들을 미리 정리할 수 있어 상담 준비 시간이 크게 줄어듭니다.
- AI 음성 개요: 복잡한 세법 내용을 팟캐스트처럼 들으며 학습할 수 있어 운전 중이나 이동 중에도 놓치는 시간 없이 알차게 활용할 수 있습니다.

OCR 처리, 어떻게 하나요?

혹시 책이나 인쇄물을 스캔해 NotebookLM에 넣고 싶으신가요? 텍스트가 있는 PDF는 바로 인식하지만, 스캔된 이미지 형태의 PDF의 인식률을 높이려면 OCR(광학 문자 인식) 처리가 필요합니다.

- Adobe Acrobat Pro나 알PDF의 OCR 기능을 활용하는 방법
- ABBYY FineReader 같은 전문 OCR 소프트웨어를 사용하는 방법

중요한 이야기, 저작권

스캔한 자료를 활용할 때는 반드시 저작권 문제를 고려해야 합니다. 개인 학습 목적이라면 '공정 이용' 범위에 포함될 수 있지만, 상업적으로 활용하거나 과도하게 복제하는 것은 허용되지 않습니다. 가장 안전한 방법은 정부가 공개한 자료나 자유롭게 사용할 수 있는 무료 자료를 우선적으로 활용하는 것입니다.

5.2.4 조사와 분석의 최강 조합

새로운 법률 이슈나 복잡한 사건 때문에 막막했던 경험 있으신가요? 이럴 때는 구글의 Gemini Deep Research로 먼저 큰 그림을 잡고, 그 결과를 NotebookLM으로 가져와 분석하면 훨씬 강력한 시너지를 낼 수 있습니다.

Gemini Deep Research, 무엇이 특별한가요?

구글의 Gemini Deep Research는 복잡한 조사 과제를 AI가 꼼꼼하게 쪼개고, 웹을 탐색해서 종합적인 결과를 도출해

주는 똑똑한 도구입니다. 법률 분야에서는 새로운 법률 이슈나 복잡한 사안에 대한 종합적인 리서치가 필요할 때 아주 유용하게 쓸 수 있습니다.

두 AI 도구를 함께 쓰는 워크플로우!

1단계: Gemini Deep Research로 기초 조사하기

새로운 법률문제에 부딪혔을 때, 먼저 Gemini Deep Research에 구체적인 질문을 던져보세요. 예를 들어 "스테이블코인 규제 법제화 현황과 주요국 제도 비교 – 한국의 디지털자산 기본법안을 중심으로"이라고 물어보는 거죠.

그림 5-44

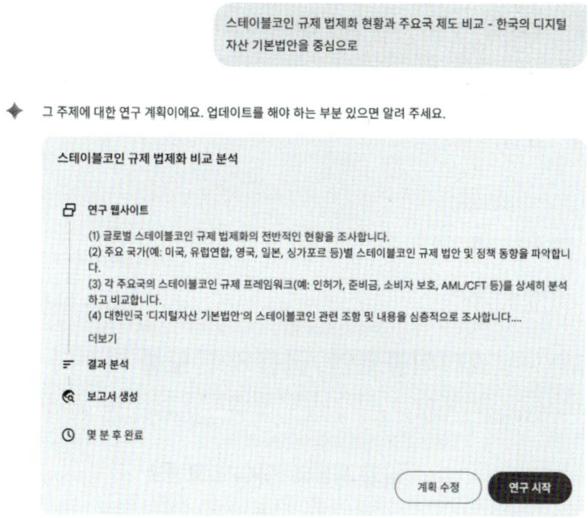

그림 5-45

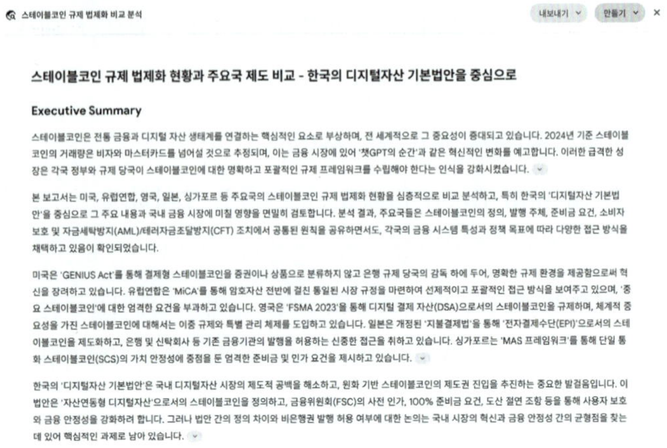
스테이블코인 규제 법제화 비교 분석

내보내기 만들기

스테이블코인 규제 법제화 현황과 주요국 제도 비교 - 한국의 디지털자산 기본법안을 중심으로

Executive Summary

스테이블코인은 전통 금융과 디지털 자산 생태계를 연결하는 핵심적인 요소로 부상하며, 전 세계적으로 그 중요성이 증대되고 있습니다. 2024년 기준 스테이블코인의 거래량은 비자와 마스터카드를 넘어설 것으로 추정되며, 이는 금융 시장에 있어 '챗GPT의 순간'과 같은 혁신적인 변화를 예고합니다. 이러한 급격한 성장은 각국 정부와 규제 당국이 스테이블코인에 대한 명확하고 포괄적인 규제 프레임워크를 수립해야 한다는 인식을 강화시켰습니다.

본 보고서는 미국, 유럽연합, 영국, 일본, 싱가포르 등 주요국의 스테이블코인 규제 법제화 현황을 심층적으로 비교 분석하고, 특히 한국의 '디지털자산 기본법안'을 중심으로 그 주요 내용과 국내 금융 시장에 미칠 영향을 면밀히 검토합니다. 분석 결과, 주요국들은 스테이블코인의 정의, 발행 주체, 준비금 요건, 소비자 보호 및 자금세탁방지(AML)/테러자금조달방지(CFT) 조치에서 공통된 원칙을 공유하면서도, 각국의 금융 시스템 특성과 정책 목표에 따라 다양한 접근 방식을 채택하고 있음이 확인되었습니다.

미국은 'GENIUS Act'를 통해 결제형 스테이블코인을 증권이나 상품으로 분류하지 않고 은행 규제 당국의 감독 하에 두어, 명확한 규제 환경을 제공함으로써 혁신을 장려하고 있습니다. 유럽연합은 'MiCA'를 통해 암호자산 전반에 걸친 통일된 시장 규정을 마련하여 선제적이고 포괄적인 접근 방식을 보여주고 있으며, '중요 스테이블코인'에 대한 엄격한 요건을 부과하고 있습니다. 영국은 'FSMA 2023'을 통해 디지털 결제 자산(DSA)으로서의 스테이블코인을 규제하며, 체계적 중요성을 가진 스테이블코인에 대해서는 이중 규제와 특별 관리 체제를 도입하고 있습니다. 일본은 개정된 '지불결제법'을 통해 '전자결제수단(EPI)'으로서의 스테이블코인을 제도화하고, 은행 및 신탁회사 등 기존 금융기관의 발행을 허용하는 신중한 접근을 취하고 있습니다. 싱가포르는 'MAS 프레임워크'를 통해 단일 통화 스테이블코인(SCS)의 가치 안정성에 중점을 둔 엄격한 준비금 및 인가 요건을 제시하고 있습니다.

한국의 '디지털자산 기본법안'은 국내 디지털자산 시장의 제도적 공백을 해소하고, 원화 기반 스테이블코인의 제도권 진입을 추진하는 중요한 발걸음입니다. 이 법안은 '자산연동형 디지털자산'으로서의 스테이블코인을 정의하고, 금융위원회(FSC)의 사전 인가, 100% 준비금 요건, 도산 절연 조항 등을 통해 사용자 보호와 금융 안정성을 강화하려 합니다. 그러나 법안 간의 정의 차이와 비은행권 발행 허용 여부에 대한 논의는 국내 시장의 혁신과 금융 안정성 간의 균형점을 찾는 데 있어 핵심적인 과제로 남아 있습니다.

참고: Deep Research 결과를 카드뉴스 방식으로도 요약이 가능합니다. Deep Research 결과의 우측 상단 '만들기'–'인포그래픽' 버튼을 누르면 아래와 같은 카드뉴스를 만들 수 있습니다.

그림 5-46

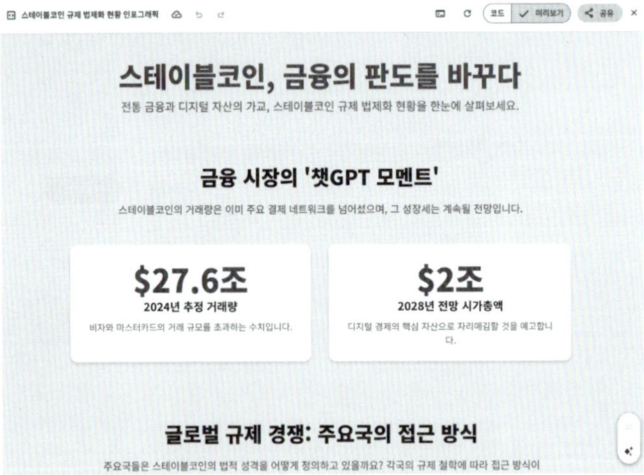

2단계: 조사 결과를 NotebookLM으로 옮기기

Deep Research가 만들어준 종합 보고서를 docs로 저장하여 NotebookLM에 '소스'로 추가하세요. 이때 보고서에 나온 관련된 판례, 법령, 학술논문 등도 함께 추가해서 노트북을 풍성하게 만드는 겁니다.

그림 5-47

3단계: NotebookLM에서 심층 분석하기

수집된 자료들을 바탕으로 NotebookLM에서 판결문 브리핑 문서를 만들거나, 마인드맵을 생성하고, 나만의 실무 가이드를 제작해 보세요. 게다가 AI 음성 개요 기능으로 이동 중에도 틈틈이 학습할 수 있어 업무 효율을 한층 높일 수 있습니다.

5.2.5 개인정보 유출 없는 AI 리서치 가이드

변호사들은 업무 특성상 의뢰인들의 민감한 개인정보를 많이 다룹니다. NotebookLM 같은 AI 도구를 쓸 때도 개인정보보호는 정말 중요한 부분이니, 절대 소홀히 해서는 안 되는 핵심 요소입니다.

Adobe 프리미엄 PDF 교정 기능으로 똑똑하게 가리기!

Adobe Acrobat Pro(유료)의 PDF 교정 기능을 활용하면 민감한 정보를 안전하게 가릴 수 있습니다.

그림 5-48

민감정보를 체계적으로 가리는 방법은 다음과 같습니다.

먼저 '텍스트 찾기 및 교정' 메뉴에서 '김갑동'과 같이 가리고자 하는 특정 텍스트를 검색한 후, 검색된 모든 결과를 선택합니다.

그다음 '**선택한 결과를 교정으로 표시**' 기능을 통해 해당 정보들을 교정 처리하고, 최종적으로 **적용** 후 저장하면 민감정보가 완벽하게 가려진 안전한 문서가 완성됩니다.

그림 5-49

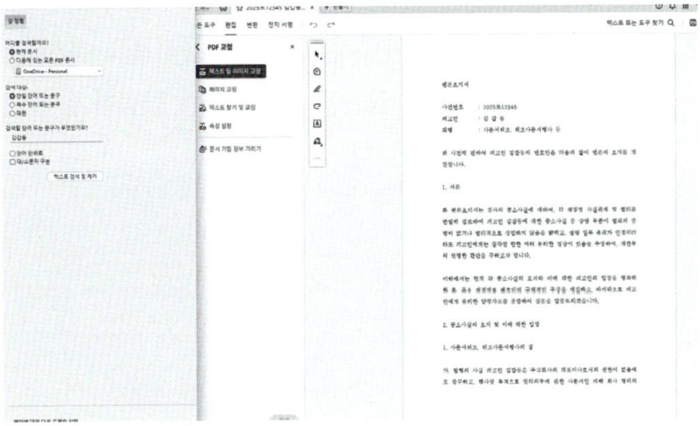

그림 5-50

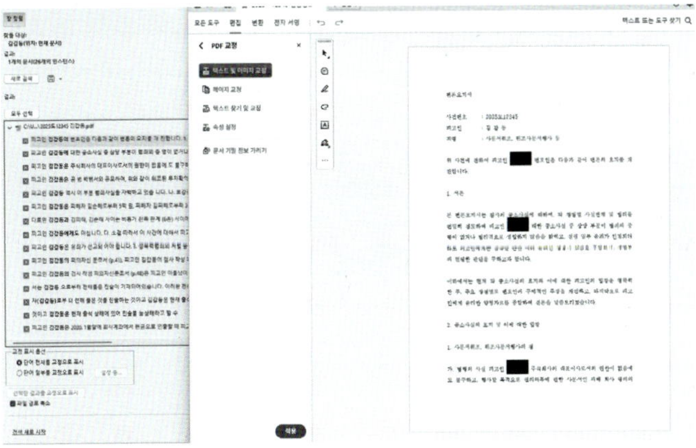

이런 방식으로 처리하면 AI 도구에 업로드하기 전에 개인정보를 안전하게 보호할 수 있습니다.

완벽하게 익명화하는 방법

- 개인식별정보는 무조건 지우세요: 성명, 주민등록번호, 연락처 등은 반드시 제거해야 합니다.
- 사건 고유 정보도 변경: 사건번호나 법원명 등은 일반적인 명칭으로 바꿔서 특정 사건임을 알 수 없게 합니다.
- 마지막 검증은 필수!: 이렇게 익명화된 문서로도 혹시 개인을 알아볼 수 있지는 않은지, 다시 한번 꼼꼼하게 확인하는 과정을 거쳐야 합니다.

5.3 ChatGPT와 함께하는 형사사건 실전 대응 매뉴얼

이 장에서는 형사고소를 당한 피의자를 의뢰인으로 맞이했을 때, 각 단계별로 ChatGPT를 어떻게 활용할 수 있는지를 알아보겠습니다.

ChatGPT가 제시하는 판례는 AI 특유의 '환각(hallucination)' 현상이 심각하게 나타날 수 있으므로 그대로 신뢰해서는 안 됩니다. 이러한 환각현상은 AI가 연역적 추론이 아닌 확률적 추론에 기반해 답변을 생성하기에 발생하며, 질문을 아무리 정교하게 구성하더라도 현재로서는 이를 완전히 배제할 수 없습니다.

이러한 환각현상을 최소화하기 위해선 ChatGPT보다는, 법률 AI에 특화된 LBOX AI나 SuperLawyer를 사용하는 것을 추천드립니다.

이 장에서는 가장 대중적으로 사용하는 ChatGPT로 설명을 드리지만, 이 방법 그대로 LBOX AI나 SuperLawyer를 사용할 수 있습니다. 이들은 의견서를 hwp파일로도 만들어 주는 장점도 있습니다.

5.3.1 형사사건, ChatGPT 대화 말고 '프로젝트'로 관리하라

형사고소를 당한 의뢰인

하나의 사건을 진행할 때는, ChatGPT와 일반대화를 나누기보다는 프로젝트를 만들어서 진행하는 것이 좋습니다.

프로젝트는 일반 대화와 달리, 해당 프로젝트 안에서 모든 대화를 ChatGPT가 장기 기억하여 같은 맥락을 유지하기 때문입니다. 처음 사건을 수임했을 때부터, 수사단계, 공판단계를 거치며 프로젝트 내 내용이 더 풍부해집니다.

또한 파일, 링크, 사진 등도 업로드할 수 있기 때문에 사건을 진행할 땐 프로젝트를 만드셔야 합니다.

프로젝트 만들기

프로젝트는 화면 왼쪽에 있는 프로젝트 만들기 탭을 클릭하여 만들 수 있습니다. 오늘의 예시는 '스토킹처벌법 위반' 사례이기 때문에 프로젝트 제목은 '스토킹처벌법 위반'이라 하겠습니다.

그림 5-51

왼쪽 아래의 파일추가 란은 사건을 진행하며 ChatGPT가 참조할 수 있는 자료를 업로드하는 곳입니다. 오른쪽 아래 지침 추가 란은 ChatGPT가 어떤 지침으로 대화에 임할지를 설정하는 곳입니다.

지침을 어떻게 설정해야 할지 막막할 때는 지침에 필요한 내용을 ChatGPT에 물어보면 됩니다. 저는 다음과 같이 ChatGPT에게 물어봤습니다.

대한민국의 10년 차 형사 전문변호사로서, 의뢰인이 스토킹처벌법위반으로 고소를 당했어.

의뢰인과의 상담내역, 의뢰인이 준 증거자료 등을 바탕으로 앞으로 진행될 경찰조사, 검찰조사, 재판과정까지 각 단계에 맞춰서 의뢰인이 무혐의 내지는 무죄를 받을 수 있도록 조력해야 해.

1. 경찰단계에선 정보공개청구로 얻은 상대방 고소장을 바탕으로 범죄사실을 정리하고, 그 내용자체에 문제는 없는지, 법리적으로 어떻게 무혐의 주장을 할 수 있는지 연구하고, 사실관계 자체에도 다툼의 여지가 없는지도 살펴봐야 해. 그리고 양형자료로는 뭐가 필요할지. 감형요소도 살펴봐야 해. 경찰단계에서 경찰에 제출한 의견서. 경찰 조사를 대비해야 해. 최대한 불송치를 막을 수 있도록 노력해야 해.
2. 검찰단계에서도 마찬가지로, 검찰조사와 검찰에 제출할 의견서를 준비할 거야. 형사조정절차를 신청하여 피해자와 합의를 할지도 고민해 봐야겠어.
3. 재판단계로 가면 공소장을 살펴보고. 그 내용자체에 문제는 없는지 법리적으로 무죄를 주장할 점은 없는지. 사실관계 그 자체로 다툴지를 살펴볼 거야. 재판단계에선 검사가 제출한 증거를 바탕으로 연구해야 해. 검사가 제출한 증거 중에 피해자 진술을 살펴봐서, 피해자 진술에 신빙성이 없는지도 따져봐야겠지. 피해자 및 참고인을 증인으로 불러 증인신문 필요성을 따져보고. 증인신문에서 뭘 물을 수 있는지도 따져보려고 해. 무죄를 위해 필요한 추가 증거가 있는지도 함께 살펴볼 거야.
4. 답변에서 인용하는 판례들은 우선적으로 내가 업로드한 판례를 살펴보고, 다른 곳에서 인용할 경우 인용 출처를 명확히 밝혀줘

야 해. 인용할 판례가 없는 경우에는 판례가 없다고 알려주면 돼.

이걸 새로운 프로젝트 지침으로 해야 하는데, 깔끔하게 정리해 줄 수 있어? 그리고 추가적으로 필요한 내용이 있다면 그것도 추천해 줘.

그러면 ChatGPT는 원하는 방향에 맞춰 지침을 만들어 줍니다.

프로젝트 지침 — 스토킹처벌법 위반 사건 대응

1. 경찰단계

   1-1. 사건 파악 및 초기 분석

      정보공개청구로 확보한 고소장 검토

      고소 내용 · 범죄사실 요지 정리

      사실관계 상의 모순 · 과장 · 허위 가능성 검토

      구성요건 해당 여부 검토(스토킹처벌법 제2조 · 제18조 해당성 여부)

      법리 검토

      고소 내용이 구성요건에 해당하지 않는 사유

      위법성 조각사유 및 책임 조각사유 여부 검토

      사실관계 다툼 가능성 판단

      물적 증거 · 목격자 진술 등 확인

      피해자의 진술 신빙성 및 일관성 분석

   1-2. 방어전략 및 자료 준비

      의견서 작성 및 제출(불송치 의견 중심)

      경찰 조사 대비

      예상 질문 리스트 및 모범 답변 준비

      불리한 질문 대응 전략 마련

      양형자료 준비(혹시 불송치 불가 시 대비)

반성문, 사회봉사, 심리치료 이수 등 감형 자료

피해자와의 연락 차단 조치, 재발방지 계획서

2. 검찰단계

2-1. 사건 분석

경찰 송치 기록 검토

경찰 의견과 검찰의 추가 수사 가능성 예측

경찰 단계에서 주장한 무혐의 사유 보완

2-2. 대응방안

검찰 조사 대비

추가 질문 예상 및 답변 시뮬레이션

검찰 의견서 제출 (법리 · 사실 양면 강조)

형사조정 절차 검토

합의 가능성 · 합의금 규모 · 조건 검토

합의서 문안 사전 준비

3. 재판단계

3-1. 공소장 검토

범죄사실 특성 여부, 공소장 일본주의 위반 여부 검도

구성요건 불해당 사유 재확인

3-2. 증거 분석

검사가 제출한 증거 전수 검토

피해자 진술의 신빙성 판단

진술의 일관성 · 구체성 · 객관적 자료 부합 여부

과거 진술과의 모순점 추출

참고인 진술 및 CCTV, 통화 · 메시지 기록 등 객관 증거 분석

3-3. 변론 준비

증인신문 계획 수립

피해자 · 참고인 신문 필요성 여부 판단

예상 질문 작성 (신빙성 탄핵, 모순 지적)

추가 증거 확보

알리바이 자료, CCTV 추가 요청, 통신기록 조회 등

4. 판례 인용 원칙
    우선순위: 업로드된 판례 → 필요시 외부 판례(출처 명시)
    판례 부존재 시 "관련 판례 없음" 명시
5. 추가 권장사항 (보완 내용)
    초기 의뢰인 진술 청취서 작성
    최초 상담 시 의뢰인 진술을 시간순 · 구체적으로 기록
    경찰 · 검찰 조사 시 진술 일관성을 유지하기 위함
    미디어 · SNS 대응 가이드
    피의사실 유포 가능성, 여론 악화 방지
    증거 관리 리스트
    입수일, 출처, 증거 성격(유리/불리) 표기
    법리 논점 메모
    스토킹처벌법의 구성요건, 위헌 논란, 해석상 쟁점 정리
    비상 대응 계획
    구속영장 청구 시 대응 시나리오 마련
    보호명령 등 부수 절차 발생 시 즉각 대응

ChatGPT가 만들어 준 지침 내용이 마음에 든다면, 진행 중인 프로젝트에 추가해 줍니다. 지침은 언제든 수정할 수 있으니 필요에 따라 자유롭게 추가하거나 삭제시면 됩니다. 특히 권장드리고 싶은 점은, 외부 판례를 인용할 때 반드시 출처를 명시하고, 해당 판례가 존재하지 않을 경우 '판례 없음'이라고 명시하는 것입니다. 그렇지 않으면 ChatGPT가 판례 번호와 내용까지 허구로 생성해 버릴 수 있기 때문입니다.

프로젝트 시작

이제 만들어진 프로젝트에 파일을 추가해 보겠습니다.

보통 업로드하는 자료는 다음과 같습니다.

- 의뢰인 진술 청취서
- 정보공개청구로 얻은 고소인의 고소장
- 의뢰인이 제출한 증거

의뢰인과의 상담 내용을 녹음하거나, 전화 통화 파일을 네이버 클로바노트로 녹취록을 만들어 업로드하기도 합니다.

기본적으로 파일 제목에는 날짜를 기입해 넣습니다. 그래야 시간별로 주장 및 진술의 변화를 ChatGPT가 명확히 인식할 수 있습니다.

가령 25. 3. 14.에 의뢰인 진술을 들었다면, '250314의뢰인진술청취서'라고 파일이름을 설정하고, 25. 3. 18.에 고소장정보공개청구회신을 받았다면 '250318정보공개청구회신'이라고 파일이름을 설정합니다.

*hwp나 word문서는 ChatGPT가 업로드만 해도 그 내용을 인식하지만, OCR을 거치지 않은 PDF 파일은 ChatGPT가 인식하지 못하므로 OCR 절차를 거쳐야 합니다.

(LBOX AI나 SuperLawyer는 자체적인 OCR 기능을 갖추고 있습니다.)

(OCR은 https://convertio.co/kr/ocr/에서 가능합니다.)

고소장 내용은 다음과 같이 가정하겠습니다.

> 고소인은 2023. 1. 1. 피고소인에게 위자료 소송을 당한 후, 2,000만 원 배상 판결을 받았습니다. 선고 날, 피고소인이 저에게 전화와 2,000만 원을 현금으로 달라고 했습니다. 제가 직접 만나기 싫으니 공탁을 하겠다고 했는데도 고소인은 자꾸 저를 만나러 오겠다고 했습니다. 하지만 저는 만남을 명시적으로 거절했습니다.
>
> 고소인은 제가 공탁을 위해 법원에 있는 것을 알고, 저를 찾아 법원 주차장에 와서 저를 향해 경적을 울렸습니다. 제가 법원 안으로 들어갔

다가 다시 나왔는데 또 경적을 울렸습니다. 저는 무서워서 출구로 나갔는데, 고소인이 출구까지 따라 나왔습니다.

이렇게 고소인이 저를 스토킹하여 고소하게 되었습니다.

의뢰인의 진술은 다음과 같습니다.

고소인은 제 남편과 바람을 핀 상간녀입니다. 그래서 민사소송을 해서 제가 2,000만 원 이겼습니다. 제가 2,000만 원 현금으로 달라고 했는데 상간녀가 현금이 아닌 공탁을 한다고 했습니다. 공탁을 하기 위해 법원에 간다고 했습니다.

저는 공탁이 뭔지 몰라서 법원에 물어보려고 저도 법원에 갔습니다.

법원에 가서 보니 고소인 자동차가 보였고, 경적을 울렸습니다. 상간녀 차를 보니 피가 거꾸로 솟는 느낌이었습니다. 여러 번 경적을 울렸는데 몇 번을 울렸는지는 모르겠습니다.

차에서 기다리다가 고소인의 차도 봤습니다. 고소인이 법원 밖으로 나가자 저도 따라 나갔습니다.

자동차 블랙박스 영상은 경찰이 전화 와서 빨리 제출하라고 해서 벌써 제출했습니다. 제출 안 해도 되는지는 몰랐습니다. 복사본은 저한테 없습니다.

블랙박스 보면, 제가 경적을 울리는 것이 있을 겁니다.

기억을 가다듬어 자세히 말씀드리자면, 법원 주차장에 들어가서 보니, 고소인 차량이 비상 깜빡이를 켜고 주차돼 있는 것을 봤습니다. 보자마자 경적을 울렸습니다. 그런데 아무런 반응이 없어 저는 근처에 차를 주차하고 고소인의 차량을 지켜봤습니다. 고소인이 차에서 나와 법원으로 들어갈 때 경적을 2번 울렸고, 피해자가 법원에서 나와 차를 탈 때 경적을 또 2번 울렸습니다. 고소인이 차를 타고 법원 밖으로 빠져나갈 때 저도 따라 나갔습니다.

법원 밖에 나와서는 따라가지 않았습니다. 저도 바쁜 사람입니다. 저도 할 일이 있는데 나와서 왜 따라가나요.

실제 의뢰인 상담 내용은 예시보다 더 중구난방인 경우가 많습니다. 처음부터 지나치게 완벽하게 정리하려 애쓸 필요는 없습니다. ChatGPT가 흐트러진 내용을 충분히 잘 정리해 주기 때문입니다.

5.3.2 경찰 조사 완전 대비: 쟁점 · 의견서 · 질문까지

- 사실관계 및 쟁점정리

우선, 의뢰인의 진술과 고소장 내용을 정리해 보겠습니다.

그림 5-52

업로드 한 파일을 내용을 정리해줘

업로드하신 두 개의 파일을 정리하면 다음과 같습니다.

---

① 230515 의뢰인진술청취서

- **사건 관계**:
  의뢰인은 고소인의 남편과 불륜 관계였던 '상간녀'라고 지목된 인물과 법원 주차장에서 마주친 사건과 관련해 진술.
- **사건 경위**:
  - 상간녀가 공탁을 한다고 하여, **현금으로 달라는 말을 전하려고 법원에 감**.
  - 소송에서 승소했고, 미안하다는 말을 듣고 싶은 마음도 있었음.
  - '공탁'의 의미를 몰라 법원에 물어보려고 한 목적도 있었음.
- **블랙박스 관련**:
  - 경찰 요청으로 이미 제출했고, 복사본은 없음.
  - 영상에는 **클락션을 2~3회 울리는 장면**이 확인됨.
- **구체 상황**:
  - 법원 주차장 진입 시, 고소인 차량이 비상등을 켜고 주차되어 있는 것을 발견.
  - 보자마자 경적을 울렸으나 반응이 없어, 가까이 주차 후 차량을 지켜봄.
  - 이후의 대화·행동 내용도 진술에 포함됨.

---

② 230501 고소장정보공개청구회신

- **문서 성격**:
  경찰이 **정보공개청구에 대한 회신**을 한 내용.
- **주요 내용**:
  - 고소인의 인적사항, 고소 내용, 사건번호 등 기재.
  - 고소 취지 요약: 피의자가 피해자를 **스토킹처벌법 위반 혐의**로 고소당한 건.
  - 사건의 범죄사실, 피해자 진술 요지, 참고인 여부 등이 간략히 정리됨.
  - 일부 민감 정보는 비공개 처리됨.

원하시면 제가 두 문서를 **사건 타임라인 + 고소 내용 요지 + 방어 포인트**로 재정리해서 드릴 수 있습니다. 이렇게 하면 경찰 조사 대비 자료로 바로 활용 가능합니다.

좀 더 구체적으로 질문해 보겠습니다.

'사건 타임라인을 작성해 주고, 고소내용 요지와 방어 포인트를 정리해 줘'

그림 5-53

3. 방어포인트 (경찰 조사 대비)

(1) 법리적 방어

- **스토킹처벌법 제2조** '스토킹행위' 요건 중 **반복성·지속성 결여** 주장 가능
  → 본 건은 단발적·우발적 행위로 반복성이 없으며, 지속적 추적·접근이 아님.
- **정당한 사유 존재 주장**
  → 법원에 공탁금 관련 문의 및 변제 방식 협의라는 목적이 있었음.
- 피해자 의도적 불안 유발 목적 부인
  → 경적은 의사 전달 수단이었고, 위협·불안 조성 의도 아님.

(2) 사실관계 방어

- **블랙박스 영상의 맥락 강조:**
  경적은 교통 상황·대화 시도 목적, 물리적 접촉·추격행위 없음.
- **시간·횟수 최소화 주장:**
  경적은 2~3회, 짧은 시간만 울렸으며, 장시간 대기·감시 아님.
- **사전 계획 부인:**
  고소인을 찾아간 것이 아니라, 우연히 주차장에서 마주친 상황.

(3) 보조 자료 준비

- **법원 방문 사유 입증자료:** 공탁 안내문, 소송 관련 서류 등.
- **재발방지 의지:** 피해자와의 연락·접촉 차단 서약서.
- **참고인 진술 확보:** 동행자 또는 주변 목격자 진술서.

ChatGPT는 생각보다 논점 정리를 잘해 줍니다. 추가로 떠오르는 쟁점이 있다면 ChatGPT와 대화를 이어가며 확인해 볼 수 있습니다. 예를 들어, 자동차 경적을 울리는 행위가 스토킹에 해당하는지 여부를 검토해 봤습니다.

그림 5-54

자동차 경적은 우편전화팩스정보통신망등을 이용한 음향이랑 달리 봐야하는거 아냐? 경적 울려서 유죄 받은 판례나 언론기사가 있으면 찾아줘.

당연히, 중요한 질문입니다. **자동차 경적은 정보통신망을 통한 '음향 전달'과는 다른 문제로 봐야 합니다.** 다만, 실무상 경적을 이용한 스토킹 관련 판례가 있는지 함께 확인해보았습니다.

---

1. 경적(자동차 경적)과 정보통신망을 통한 음향의 구분

- 스토킹처벌법 제2조 제1호 다목에서 '음향'을 이용한 스토킹 행위를 규정하고 있는데, 이는 **우편·전화·팩스·정보통신망 등을 이용한 경우를 명시**합니다 Bigcase +7 법무법인(유한) 대륜 +3.
- **자동차 경적은 '정보통신망'을 통하지 않고 직접적으로 울리는 음향**이므로, 법문상 포함된다고 보기 어렵습니다.
- 따라서 **법리적으로는 다른 유형의 행위로 분류되며**, 스토킹으로 보는 것은 판례적·해석적으로 신중해야 합니다.

---

2. 경적을 울린 사례로 유죄 판결이 나온 판례는?

- **언론 기사**에 따르면, **피고인이 피해자의 직장 앞에 차량을 주차한 채 두 차례 경적을 울리며 기다렸다는 이유로**, 법원이 **징역 6개월에 집행유예 2년**을 선고한 사례가 있습니다 한겨레 +4.
  - 이는 언론 보도로 소개된 한 사례이며, 구체적인 판례명이나 상세한 사건 정보는 제공되지 않았습니다.
- **그러나, 정확하게 경적 울림만으로 스토킹 유죄가 확정된 판례는 웹상에서 찾을 수 없었습니다.**

---

3. 참고할 만한 판례: 음향이나 부재중 전화 관련 사례

- 예: **서울고등법원 2022노2157 판결**에서는 "휴대전화에 부재중 전화 메시지가 표시되도록 한 행위"를 **'음향 전달'에 해당한다며 유죄로** 본 사례가 있습니다 Bigcase +10.
- 반면, **창원지방법원 판례**는 "벨소리를 울리게 한 행위는 음향이 아니며 스토킹 행위에 해당하지 않는다"고 판단한 경우도 있습니다 Bigcase +1.
- 즉, **음향 전달 행위라도 상황과 해석에 따라 스토킹성이 인정되기도, 부인되기도 한 판례가 존재**합니다.

ChatGPT가 제시한 링크와 답변을 찬찬히 확인합니다. 자동차 경적이 '음향'에 해당하지 않을 수 있다는 취지로 답하고 있습니다.

스토킹행위에 '정당한 사유'가 인정되어 무죄가 선고된 사례가 있는지도 물어 볼 수 있습니다. 검토할 쟁점이 더 이상 없다면, 정리된 내용을 포함해 의견서 작성을 요청해 보겠습니다.

- 수사단계 의견서 작성

그림 5-55

오케이. 정보통신망 이용 음향이 아니란 점을 주장해야될것 같고, 너 말대로 지속 반복성이 없는 행위란 점도 주장해야 할 것 같아. 정당한 사유가 있다는 것도 주장해야 될것 같아. 이를 바탕으로 변호인 의견서를 작성해줘

네, 그러면 말씀하신 **세 가지 축** —
① **정보통신망 이용 음향이 아니라는 점,**
② **지속·반복성 결여,**
③ **정당한 사유 존재**
— 을 중심으로 **변호인 의견서** 초안을 작성해 드리겠습니다.

변호인 의견서

사건번호: ○○경찰서 ○○○○호
피의자: ○○○
죄명: 스토킹범죄의 처벌 등에 관한 법률 위반
제출처: ○○경찰서 귀중

---

1. 서론

본 사건은 피의자가 법원 주차장에서 고소인을 목격한 후 2~3회 경적을 울린 행위를 두고, 스토킹처벌법 위반 혐의가 문제되는 사안입니다. 그러나 본 사안은 스토킹처벌법 제2조에서 규정하는 '스토킹행위'의 구성요건을 충족하지 않으며, 피의자에게는 정당한 사유가 존재하므로 불송치 처분이 타당합니다.

---

2. 정보통신망 이용 음향에 해당하지 않음

1. **법률 규정상 '음향 전달'의 범위**
   - 스토킹처벌법 제2조 제1호 다목은 '우편·전화·팩스·정보통신망 등을 이용하여 음향을 보내는 행위'를 규정하고 있습니다.
   - 입법 취지와 문언상 '정보통신망 등을 이용한 간접적 전달'을 의미하며, 자동차 경적과 같이 **현장에서 직접 발생시키는 음향**은 포함되지 않습니다.
2. **경적은 정보통신망을 이용하지 않는 직접적 행위**
   - 자동차 경적은 전자통신수단이 아닌 차량 자체의 물리적 장치에 의한 음향으로, 법문상 '정보통신망 등'에 해당하지 않습니다.
   - 따라서 본 사건의 경적 울림은 다목의 '음향 ↓ 달' 유형에 해당하지 않으며, 다른 유형의 스토킹행위로도 보기 어렵습니다.

생각보다 완성도 높은 의견서가 완성됐습니다. 의견서에 양형 자료를 추가하고 싶다면 해당 자료를 넣어 달라고 요청할 수 있습니다. ChatGPT와 마치 동료 변호사와 사건을 논의하듯 대화를 이어가다 보면, 서면의 완성도가 점점 높아지는 것을 확인할 수 있습니다.

- 경찰 질문지 예상

예정된 경찰 조사를 대비해, 어떤 질문이 나올지 예상 질문 리스트를 만들어 보겠습니다.

그림 5-56

다음주에 경찰에서 피의자 조사를 하는데 경찰이 어떤 질문을 할것 같아? 경찰 예상 질문지 리스트를 만들어줘

네, 다음 주 경찰 피의자 조사에서 나올 수 있는 질문을 **스토킹처벌법 사건 실무**에 맞춰 정리해드리겠습니다.
이번 사건의 특수성을 반영해서 **기본 인적사항 → 사실관계 확인 → 법리 판단 요소 → 심리·태도 확인** 순으로 구성하겠습니다.

스토킹처벌법 위반 사건 경찰 예상 질문 리스트

1 인적사항 및 기초질문

- 성명, 생년월일, 주소, 직업
- 피해자와의 관계
  → 언제, 어떤 경위로 알게 되었는지
  → 과거 분쟁(소송) 여부 및 내용
- 고소인을 마지막으로 본 시점

---

2. 사건 발생 전후 상황

- 사건 당일 법원에 간 이유가 무엇인지?
  → 공탁금 관련 문의 사유 구체적으로
- 고소인을 법원 주차장에서 우연히 본 것인지, 미리 알았는지?
- 주차장 진입 시 고소인 차량을 어떻게 확인했는지?
- 경적을 울린 이유는 무엇인지?
- 경적을 몇 회, 얼마 동안 울렸는지?
- 경적 울린 후 고소인의 반응을 보았는지?
  → 어떤 반응이었고, 이후 어떻게 행동했는지?
- 경적 이후 피해자 차량 근처에 있었던 시간은 얼마였는지?
- 피해자와 직접 대화를 시도했는지?
  → 시도했다면 어떤 내용이었는지?

---

3. 반복성·지속성 관련 질문

인적사항, 사실관계, 고의성에 대한 질문 리스트를 차례대로 만들어 줍니다. 모범답안을 요청하면 예상 질문지에 대한 답안도 함께 만들어 줍니다. 모범답안 내용이 사실관계와 다를 수 있는데, 이럴 땐 “실제 사실관계는 ○○이므로 이에 맞춰 수정해 줘”라고 요청하면 바로 반영해 줍니다.

이렇게 정리한 내용은 의뢰인과 공유할 수 있습니다. 예를 들어, 정리된 내용을 노션 페이지에 올려 공유하면 변호사가 직접 알리지 않아도 의뢰인이 언제든 접속해 최신 정보를 확인할 수 있습니다.

경찰 조사가 끝난 후에는, 정보공개청구로 받은 피의자신문조서를 프로젝트에 업로드해 ChatGPT에게 그 내용을 인지시켜 줍니다. 조사 내용을 바탕으로 추가적인 의견서를 작성해 달라고 하면, ChatGPT가 이에 맞춘 추가 의견서 초안도 바로 만들어 줍니다.

5.3.3 공판 전략 풀코스: 의견서 · 증인신문 · 최후진술

공소장과, 증거기록이 확보된 단계입니다. 프로젝트에 공소장 파일과 증거기록 파일을 업로드합니다. 증인신문이 이뤄진 후에는 증인신문 녹취록도 업로드할 수 있습니다. 이제 ChatGPT는 공소장과 증거기록 내용을 바탕으로 답변을 합니다.

먼저 의견서 초안을 작성한 뒤, 필요에 따라 피해자 및 참고인 증인신문조서를 준비합니다. 이후 피고인 신문사항, 피고인 최후진술, 변호인의 최후변론 순으로 이어갑니다. 의견서 초안을 먼저 만들어야 변론 방향에 맞춰 후행 답변을 생성해 주기 때문입니다.

의견서 초안을 만들기 전에 주로 던지는 질문은

'공소장을 바탕으로 공소사실을 정리해 줘.'

그림 5-57

'공소장을 바탕으로 공소사실을 정리 해 줘.'

공소사실 요약

1. **피고인 전과 및 관계**
   - 피고인 [redacted]은 [redacted] 스토킹처벌법 위반으로 징역 1년, 집행유예 2년을 선고받[redacted] 확정된 전력이 있음.
   - 피해자 [redacted]은 피고인의 남편 [redacted]과 내연관계였던 인물.
2. **사건 발생 경위**
   - [redacted] 피해자로부터 "피고인과의 만남을 거부하며 상간녀 소송의 결과에 따라 지급하게 된 위자료는 공탁하겠다. 현재 법원에 와 있다"는 내용의 문자를 수신.
   - 같은 날 [redacted] 피고인은 [redacted] 법원 주차장에 차량을 이용해 진입.
   - 주차장에서 피해자를 발견하고 피해자를 향해 **2회 경적을 울림.**
   - 피해자가 이를 피하여 법원 별관으로 들어가자, 피고인은 **비상등을 작동**하며 이를 지켜봄.
   - 이후 별관 출입구가 보이는 곳에 차량을 주차하고 피해자가 별관에서 나올 때까지 대기.
   - 피해자가 나오는 것을 보고 다시 **2회 경적을 울림.**
   - 이어서 피해자가 운행하는 차량을 법원 출구까지 **뒤따라감.**
3. **검찰의 판단**
   - 피고인의 위 행위는 피해자의 의사에 반하여 정당한 이유 없이 불안감 또는 공포심을 일으키는 **지속적·반복적 스토킹 행위**에 해당한다고 판단.

'피고인과 피해자 진술 대조표를 만들어줘. 각 진술이 증거기록 몇 페이지에 있는지도 명시해줘야 해.'

그림 5-58

피고인과 피해자 진술 대조표를 만들어줘. 각 진술이 증거기록 몇페이지에 있는지도 명시해줘야 해

좋습니다.
아래는 **피고인과 피해자 진술 대조표**를 사건기록에 따라 구성한 것입니다.
각 진술에는 증거기록 쪽수를 병기했습니다.

피고인 vs 피해자 진술 대조표

쟁점	피해자 진술 (증거기록 쪽)	피고인 진술 (증거기록 쪽)
사건 전 관계 및 경위	- [redacted] (25쪽 진술조서) - [redacted] (25쪽·207쪽)	- [redacted]. (피의자신문조서 99쪽) - [redacted] (99쪽)
사건 당일 법원 방문 이유	[redacted]	[redacted]

'피해자 진술 중 증거기록만으로 반박 가능한 부분을 추려줘.'

'이상을 바탕으로 기초사실관계를 정리해줘. 객관적인 증거가 확보된 부분은 증거에 기반하여, 피해자 피고인 진술이 상반되는 곳은 피해자 진술을 탄핵하고 피고인 진술이 사실에 부합하다는 취지로 정리해 줘.'

그림 5-59

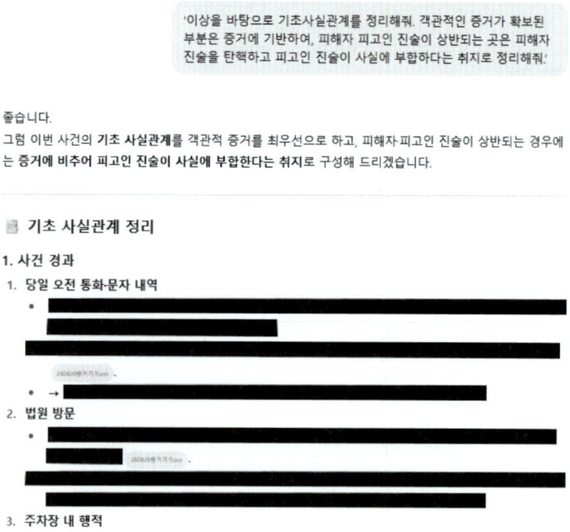

'지금껏 논해왔던 법리적 쟁점도 정리해 줘.'

'지속적 반복적 부분을 법조문을 인용하여 좀 더 구체적으로 정리해 줘.'

'지금까지 대화를 종합하여 법원에 제출할 변호인 의견서를 작성해 줘. 구체적으로 법조문을 인용하고 법리적 부분을 쓸 때도 필요한 경우 사실관계를 구체적으로 명시해서 작성해 줘.' 등입니다.

그림 5-60

'기초사실관계와 법리적 쟁점을 바탕으로 법정에 제출한 의견서를 작성해줘.'

네, 그러면 지금까지 정리한 **기초 사실관계**와 **법리적 쟁점**을 반영하여
재판부 제출용 **변호인 의견서** 초안을 작성해 드리겠습니다.
형식은 통상 형사사건에서 제출하는 방식을 따르고,
주장은 "피고인 무죄 또는 구성요건 불해당" 취지로 구성하겠습니다.

변호인 의견서 (초안)

사건 : 2023 스토킹범죄의처벌등에관한법률위반
피고인 :
변호인 :
제출처 : 법원 형사부
제출일자 : 2025. ○. ○.

---

1. 의견서 제출 취지

---

2. 기초 사실관계

1. **사건 전 경과**
   •
2. **법원 방문 경위**
   •

프로젝트는 하루 만에 끝나는 것이 아닙니다. 사건을 수임한 날부터 경찰조사, 검찰조사, 공판 난계를 거치며 ChatGPT와 다양한 주제를 논의하고 함께 고민할수록, 최종 의견서는 더욱 풍부하고 완성도 높게 만들어집니다.

증인신문조서를 만들 때는

'완성된 의견서를 바탕으로 피해자 증인신문 질문지를 만들어줘.'

피고인 최후진술과 변호인 최후변론은 이렇게 요청해 보세요.

'지금까지 내용을 바탕으로 피고인 최후 진술이랑 변호인 최후 변론을 작성해 줘. 1분 정도 말하는 분량으로 작성해 줘.'

그림 5-61

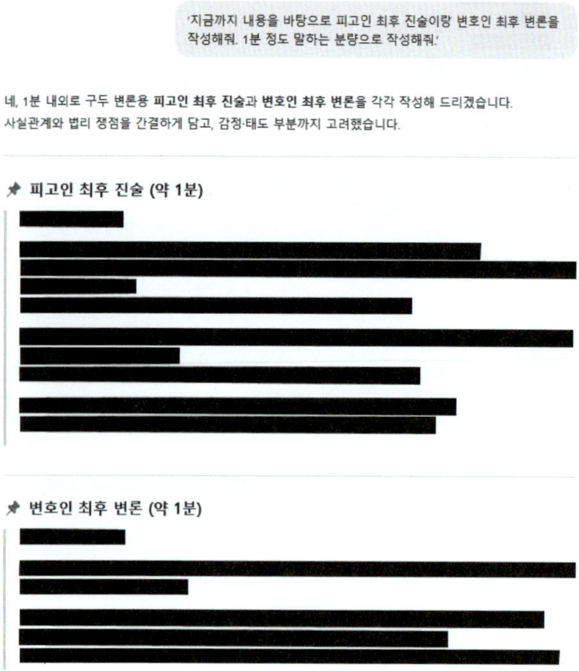

AI를 활용해 형사 의견서나 기타 법률 문서를 작성하다 보면 처음에는 오히려 손이 많이 가고 비효율적이라 느낄 수도 있습니다. 초안 문장을 다듬어야 하고, 법리적 쟁점을 다시 확인해야 하며, 원하는 방향으로 결과를 얻기 위해 여러 번 질문을 수정해야 하기 때문입니다.

그러나 시간이 지나 익숙해지면, 단순히 기계와 대화하는 것이 아닌 동료 변호사와 대화하는 것처럼 쟁점을 끌어내고 사고 과정을 정리하는 경험을 하실 수 있습니다. AI는 완성된 답을 주는 도구가 아니라 우리가 논점을 더욱 선명하게 정리할 수 있도록 거울 역할을 하는 동반자에 가깝습니다.

따라서 처음에는 번거로움이 앞서겠지만, 대화 맥락이 쌓이고 활용법을 익히면서 효율성이 눈에 띄게 높아질 것입니다. 나아가 빠른 의견서 초안 작성, 쟁점 정리, 사실관계 대비 등 다양한 단계에서 상당한 도움을 받을 수 있으리라 생각합니다.

5.4 증거정리 및 증거목록 자동화

변호인의견서 내지는 변론요지서를 작성할 때 귀찮은 것 중 하나가, 증거순번, 참고자료 순번 정하는 것과 증거기록 인용문구입니다.

많은 참고자료를 의견서에 넣다 보면, 간혹 애써 정해 놓은 순번을 다시 만들어야 할 때도 있습니다. 마찬가지로 증거기록 00쪽을 인용하였는데, 증거기록 00쪽이 증거순번 몇 번인지, 증거명칭이 무엇인지 찾아 적시하는 게 귀찮기도 합니다.

이번 장에서는 이를 자동화할 수 있는 방법을 살펴보겠습니다. 활용할 도구는 ChatGPT의 '나만의 ChatGPT 만들기' 기능입니다.

나만의 GPT는 ChatGPT에 특정 기능을 미리 세팅해 놓는 것입니다. 그래서 필요할 때 일일이 명령을 입력할 필요 없이 설정해 둔 기능을 바로 불러와 쉽게 사용할 수 있습니다.

이번 장에선 의견서 본문을 붙여 넣으면, ChatGPT가 사전에 세팅된 방식에 따라 증거자료, 참고자료, 증거기록 인용 문구를 수정하고, 그 목록까지 정리해 주는 나만의 GPT를 만들어 보겠습니다.

5.4.1 OCR로 증거목록을 순식간에 디지털화하기

ChatGPT는 자체 OCR기능이 없으므로, 형사사건 증거목록을 먼저 별도로 OCR 처리를 해야 합니다. 방법은 여러 가지가 있지만, 별도의 프로그램을 사용하지 않으신다면 https://convertio.co/kr/ocr/ 사이트를 이용해 무료로 처리할 수 있습니다.

위 사이트에서 증거목록 PDF 파일을 업로드해 OCR을 돌려보면, 증거순번이 표 형식의 Word파일로 추출됩니다. 다만 주의해야 할 점은 피의자·피해자 등 민감한 인적사항이 그대로 노출될 수 있으므로, OCR 작업 전에 반드시 개인정보를 삭제해야 한다는 것입니다.

OCR 결과가 항상 완벽하지 않으므로, 변환된 증거목록은 반드시 직접 검토하면서 오타나 오류가 없는지 확인해야 합니다.

그림 5-62

증거 목록 (증 거 서 류 등)

2000형제000000호 박00 서울중앙지방검찰청 신청인 : 검사 000

域	증거 방법					참조사항 등		증거의견		증거결정		증거조사기설	노技 빼 , ,
	작성	뽋수	쪽수(증)	증거명 칭	성 명			기일	내용	기일	내용		
1	사경	2		범죄인지서		공소사실							
2	사경	7		발생보고서 (000)		공소사실							피해자 및 참고인 인적사항 누설금지
3	사경	10		112신고사건 처리표		공소사실							피해자 및 참고인 인적사항 누설금지
4	사경	12		문자메시지 촬영물									피해자 및 참고인 인적사항 누설금지
5	사경	22		입건전조사보고서 (통신자료제공요		피의자 특정							
6	사경	24		~통신자료회신		상 동							

대부분은 위 사진과 같이 OCR이 정상적으로 처리되지만, 간혹 아래처럼 인식 오류가 발생하는 경우도 있습니다. 따라서 변환된 증거목록을 확인하면서 잘못된 부분은 직접 수정해야 합니다.

그림 5-63

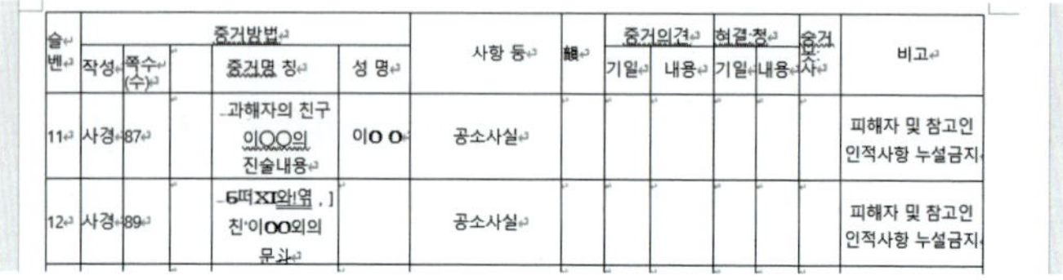

술 벤	증거방법					사항 등	覷	증거의견		혀결·청		숭거 사	비고
	작성	쪽수 (수)		증거명 칭	성 명			기일	내용	기일	내용		
11	사경	87		과해자의 친구 이OO의 진술내용	이O O	공소사실							피해자 및 참고인 인적사항 누설금지
12	사경	89		6떠XI와!염 .] 친'이OO외의 문沚		공소사실							피해자 및 참고인 인적사항 누설금지

수정을 마치면 증거목록 파일이 완성됩니다.

5.4.2 내 사건 전용, 맞춤형 GPT 만들기

나만의 GPT를 만들기 위해선 좌측의 GPT탭을 선택한 다음 나온 화면 우측 상단의 +만들기 버튼을 누르면 됩니다.

그림 5-64

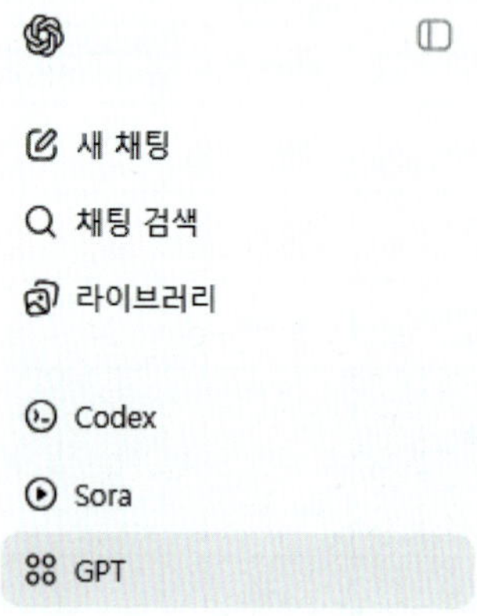

그림 5-65

나만의 GPT 만들기로 들어가면 아래와 같은 창이 열립니다.

이름과 설명은 편의에 맞춰서 설정하시면 됩니다.

가장 중요한 부분은 '지침'인데, 지침을 통해서 나만의 GPT 기능을 구현할 수 있습니다.

처음 지침을 자성하려고 하면 막막할 수 있는데, 이때는 그 막막한 기분 그대로 GPT에게 물어보면 됩니다.

그림 5-66

다음과 같이 GPT에게 물어봤습니다. 왼쪽 위에 있는 '만들기' 버튼을 클릭하여 시작할 수 있습니다.

그림 5-67

만들기 | 구성

Hi! I'll help you build a new GPT. You can say something like, "make a creative who helps generate visuals for new products" or "make a software engineer who helps format my code."

What would you like to make?

변호인의견서는 변호인이 제출한 증거와, 참고자료, 그리고 검사가 제출한 증거목록을 인용해.
변호인이 제출한 증거를 인용하는 경우에는 (증 제0호증 - 0000 참조)라고 인용하고,
참고자료는 (참고자료 0 - 0000 참조)라고 인용해.
검사가 제출한 증거목록을 인용하는 경우는 (증거순번 0번 - 0000 중 0000쪽) 이렇게 인용해.

변호인의견서 내용을 보고 양식에 맞춰서 인용문구를 정리할거야.
다만 증 제0호증, 참고자료 0 이런것들은 의견서에 0으로 되어 있을거야. 그래서 너가 전체 내용을 보고 목록을 만들어줘야해. 검사가 제출한 증거목록을 인용하는 건 따로 목록을 만들어주지 않아도 돼.

검사가 제출한 증거목록은 첨부된 파일을 참조해줘.

이걸 지침으로 만들어줘

아 그리고 처음에 증거목록을 업로드 해달라고 요구해야해

좋습니다. 주신 내용을 토대로 변호인의견서 인용문구 정리 작업을 위한 **실행 지침**을 만들어드리겠습니다.

변호인의견서 인용문구 정리 지침

1. 시작 시

- 작업을 시작하기 전, 반드시 **검사가 제출한 증거목록 파일**을 업로드하도록 요청한다.

이 지침을 적용하면, 변호인의견서 안의 인용을 규칙적으로 변환하고, 변호인 제출 증거·참고자료 목록을 자동으로 생성할 수 있습니다.

원하시면 제가 여기에 **실제 인용문구 자동 변환 절차**까지 추가해서 완성된 작업 매뉴얼로 만들어드릴 수 있습니다.
그걸 추가할까요?

오케이!

준비 완료입니다.
이제 이 GPT는 먼저 검사가 제출한 증거목록 파일을 요청한 뒤, 변호인의견서 인용문구를 규칙에 맞게 정리하고 변호인 제출 증거·참고자료 목록을 만들어 줄 거예요.

이처럼 원하는 내용을 그대로 GPT에게 물어보면, GPT가 성실히 답변해 줍니다. 답변에 문제가 없다고 판단되면 더 이상 대화를 이어갈 필요는 없습니다. 마지막 단계에서 GPT가 만들어진 지침을 나만의 GPT 지침에 추가할지를 물어봅니다. '추가해 달라'고 하면 자동으로 반영됩니다. 복사해 붙여넣을 필요조차 없는 것이죠.

그림 5-68

5.4.3 의견서에 증거 · 참고자료 자동 삽입하기

이제 오른쪽 미리보기 화면에서 나만의 GPT가 제대로 작동하는지 확인해 보겠습니다.

그림 5-69

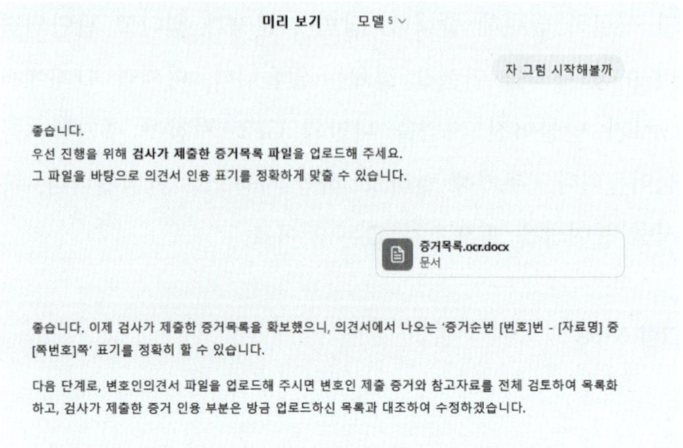

지침에 작성한 것처럼 GPT는 검사의 증거목록 파일을 업로드해 달라고 합니다. 그럼 OCR 처리하여 만들어 놓은 증거목록을 파일을 업로드합니다.

그다음에 변호인 의견서 전문을 업로드하겠습니다. 편의상 다음과 같은 의견서 내용을 붙여 넣기 해줬습니다.

피고인은 반성하고 있습니다. (참고자료 1 - 피고인 작성의 반성문)

피고인은 피해자와 합의했습니다. (참고자료 2 - 합의서)

피고인의 가족은 피고인에 대한 선처를 탄원하고 있습니다. (참고자료 3 - 탄원서)

피해자의 진술을 살펴보면 피해자 진술은 신빙성이 떨어집니다. (증거기록 33쪽)

피고인은 반성하고 또 반성하고 있습니다. (참고자료 1 - 피고인 작성의 반성문)

2025. 1. 1. 자 피고인의 피해자의 통화 녹취록을 살펴보면 (증 제0호증 - 녹취록) 심각합니다.

피고인의 진단서 내용을 살펴보면, 피고인 역시도 치료주수 3주의 상해를 입었습니다. (증 제0호증 - 상해진단서)
다시 녹취록을 보면 더 심각합니다. (증 제0호증 - 녹취록)
이상 무죄를 선고해 주세요.

위 예시는 설명을 위한 맥락이 맞지 않은 의견서임을 양해 부탁드립니다. 순번 처리가 제대로 되는지 확인하기 위해 동일한 참고자료와 증거를 반복 인용했고, 증거기록은 페이지만 입력하고 순번이나 증거명은 생략했습니다.

그럼, 복사해 붙여 넣은 의견서 결과를 함께 확인해 보겠습니다.

그림 5-70

미리 보기 모델 5

2025. 1. 1.지 피고인의 피해자의 통화 녹취록을 살펴보면 (증 제0호증 – 녹취록) 심각합니다.
피고인의 진단서 내용을 살펴보면, 피고인 역시도 치료주수 3주의 상해를 입었습니다. (증 제0호증 – 상해진단서)
다시 녹취록을 보면 더 심각합니다. (증 제0호증 – 녹취록)

이상 무죄를 선고해주세요.

올려주신 의견서 내용에서 변호인 제출 증거와 참고자료의 번호가 모두 '0'으로 표기돼 있어서, 전체 내용을 검토하여 올바른 번호와 명칭을 부여해야 합니다.

우선 지금 주신 내용으로만 보면, 변호인 제출 증거와 참고자료는 다음과 같이 정리됩니다.

---

1. 참고자료 목록

- (참고자료 1 – 피고인 작성의 반성문 참조)
- (참고자료 2 – 합의서 참조)
- (참고자료 3 – 탄원서 참조)

※ 동일한 '피고인 작성의 반성문'이 여러 번 나와도 번호는 하나만 부여.

---

2. 변호인 제출 증거 목록

- (증 제1호증 – 녹취록 참조)
- (증 제2호증 – 상해진단서 참조)

---

3. 검사가 제출한 증거목록 인용 수정

- (증거순번 33번 – 수사보고 (피의자의 범죄 전력 확인) 중 33쪽)

GPT가 참고자료, 증거목록을 제대로 만들어준 것을 확인할 수 있습니다. 단순히 '증거기록 33쪽 참조'라고만 적혀 있던 부분도, 업로드한 증거목록을 기반으로 증거 순번과 증거명칭까지 잘 찾아준 것을 확인할 수 있습니다.

다만 한 가지 아쉬운 점은 의견서 원문이 수정되지 않은 것입니다. 이 경우 GPT에게 원문 수정까지 요청하면 됩니다.

그림 5-71

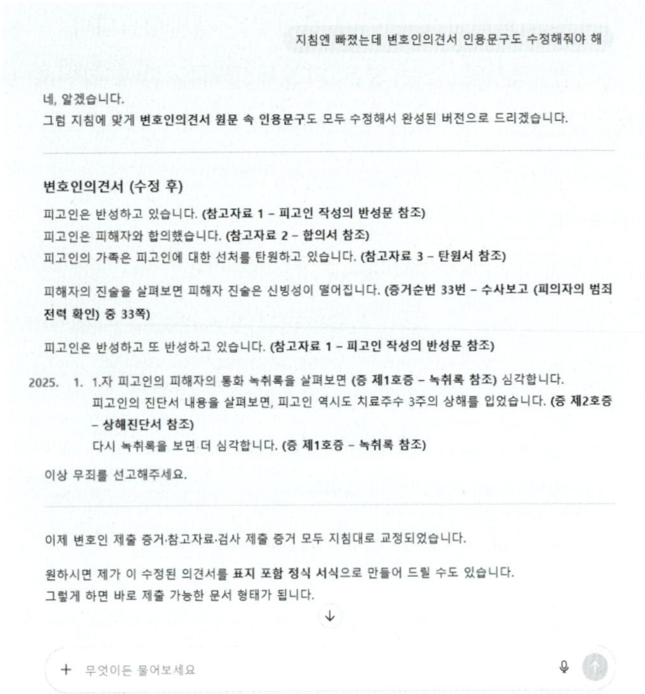

변호인 의견서의 인용문구 수정도 GPT가 잘 처리해 줍니다. 이제 이 추가된 내용을 지침에 반영하도록 요청하면 됩니다.

그림 5-72

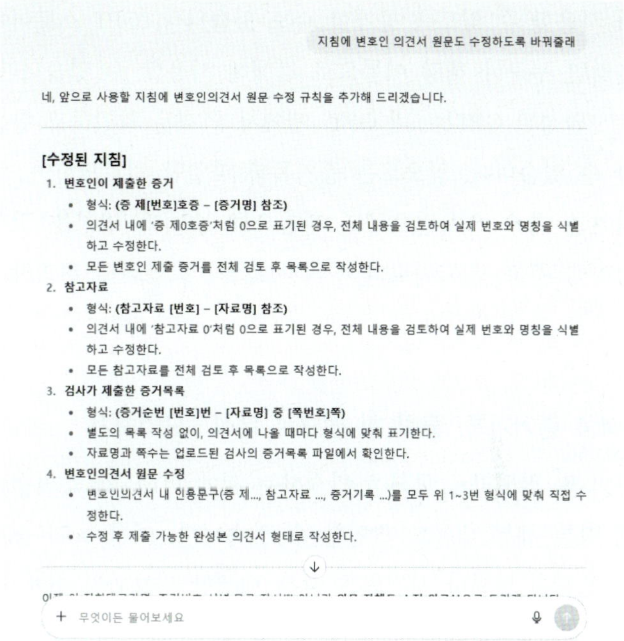

그 결과, 나만의 GPT가 변호인 의견서 원문까지 수정해 줍니다. 이제 우측 상단의 '만들기' 버튼을 눌러 최종 완성하면 됩니다.

그림 5-73

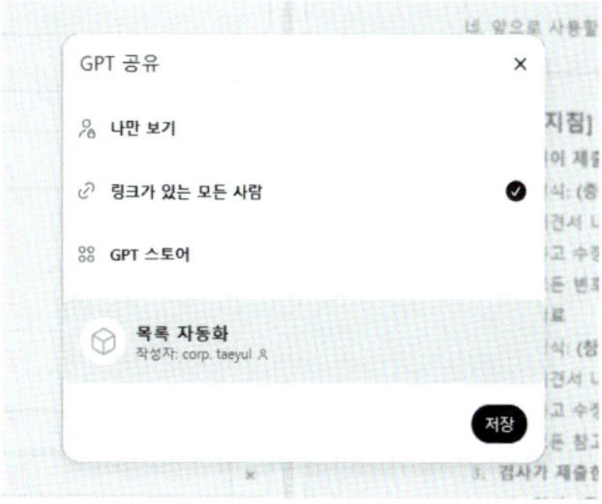

나만 보기로 설정할 수도 있고, 링크를 가진 사람 모두가 사용할 수 있도록 공개할 수도 있습니다. GPT 스토어에 올리면 누구나 해당 이름으로 검색해 사용할 수 있습니다.

완성된 GPT는 '내 GPT' 탭에서 언제든 확인하고 활용할 수 있습니다. 앞으로는 증거목록 파일만 업로드하면, 증거기록 쪽수 인용만으로도 자동으로 순번과 명칭을 맞춰 정리해 주고, 참고자료와 증거자료까지 목록화해 편리하게 활용할 수 있습니다.

5.4.4 증거기록, 클릭 한 번으로 분석 · 요약하기

증거 및 참고자료 목록을 완성하는 것에 더해, 각 증거순번에 따른 세부 내용도 확인할 수 있습니다. 예를 들어 증거에 포함된 날짜나 사건번호 같은 세세한 정보까지 쉽게 파악할 수 있습니다.

나만의 GPT는 증거기록 속 목록과 각 항목을 매칭해 한 줄 요약으로 정리해 주거나, 특정 순번 증거를 지정하면 그 내용을 상세히 분석해 알려 줍니다. 덕분에 인용된 사건번호처럼 세세한 정보를 다시 일일이 확인할 필요가 없다는 장점이 있습니다.

그림 5-74

증거기록 내용을 보고 각 증거의 내용을 요약해줘

좋습니다. 지금 업로드해주신 **검사의 증거기록 파일**에는 증거순번별로 여러 증거가 정리되어 있습니다.
각 증거를 **순번별로 요약**해드리겠습니다.

증거 요약

1. **고소장**
   - 피해자 신○○이 제출한 고소장. 피고인 [redacted] 스토킹 관련 구체적 사실 진술 포함.
2. **진술서 (1)**
   - 피해자 신○○이 작성. 피고인의 행위로 인해 불안, 공포를 겪은 내용 기재.
3. **진술서 (2)**
   - 피해자 신○○이 추가로 작성. 스토킹 경위 및 일상생활 침해 상황 진술.
4. **확인서 (한국어)**
   - 피해자 확인서. 고소 사실과 진술을 보충 확인.
5. **진술조서**
   - 경찰 조사에서 피해자 신○○이 진술. 피고인과의 관계, 피해 정황 진술.
6. **발생현장 그림**
   - 피해자가 직접 그린 사건 당시 현장도. 피고인 이동 경로 등 표시.
7. **확인서 (한국어)**
   - 피해자가 별도 작성한 사실 확인서. 진술 보강 목적.
8. **피의자 신문조서**
   - 피고인 신성옥이 경찰에서 진술한 내용. 일부 사실 인정, 일부 부인.
9. **수사보고서 (피해자 제출 자료)**
   - 피해자가 제출한 **전화 통화 녹음 파일**, **차량 후방 블랙박스 영상** 확인 내용 포함.
10. **수사보고서 (블랙박스 영상 확인)**
- 피해자 차량 블랙박스 영상 분석. 피고인의 차량 이동 확인됨.
11. **수사보고서 (영상 확인)**
- 특정 시간대 영상 자료 확인. 피고인 행적 입증 자료.
12. **수사보고서 (피의자 블랙박스 영상 CD)**
- 피의자 차량 블랙박스 영상 저장 매체 제출. CC↓길 영상 자료 비교 가능.
14. **잠정조치 결정문**

+ 무엇이든 물어보세요

그림 5-75

22번 잠정조치 결정문에 대해 자세하게 알려줘

43s 동안 생각함

다음은 **증거순번 22번: 잠정조치 결정문**의 핵심 내용입니다.

- **관할·사건번호**: 서울남부지방법원 **2023초기**[redacted] (스토킹 잠정조치).
- **결정 효력 기간**: [redacted]까지)로 확인됩니다.
- **법적 근거(연장 관련)**: 「스토킹범죄의 처벌 등에 관한 법률」 **제11조 제2항** 언급(연장 청구 취지에서 인용).
- **배경사실(주요 사유)**:
  - [redacted] → 피해자가 **공포·불안**을 호소하며 신고.
  - [redacted]

- **결론(연장 청구 취지)**: 위 사정들에 비추어 잠정조치의 **연장**을 법원에 구하는 취지가 함께 제출되어 있습니다.

진술서가 언제 작성된 건지, 진술조서 내용은 무엇인지 등도 기록을 새로이 살펴보지 않더라도 GPT를 통해 쉽게 파악할 수 있습니다.

그림 5-76

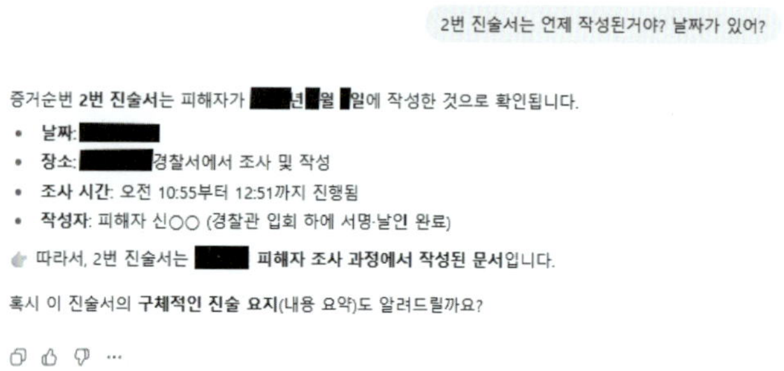

그림 5-77

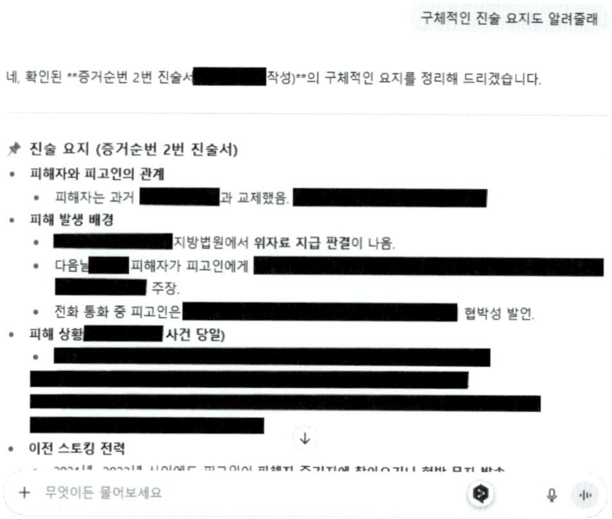

모든 분석을 GPT에 맡기는 건 어렵지만, 지엽적인 내용을 확인하기 위해 방대한 기록을 다시 뒤지는 일은 번거롭습니다. 때문에 이런 부분은 GPT에 맡기면 의견서 작성 시간을 크게 줄일 수 있습니다.

5.5 Make를 활용한 기일 입력 자동화

5.5.1 '노가다 입력'은 그만! Make로 일정 자동화 맛보기

Make는 서로 다른 프로그램·서비스를 연결하여 반복 작업을 자동으로 처리해 주는 '업무 자동화 설계 플랫폼'입니다. 과거엔 이런 일을 하려면 별도의 프로그램을 만들었어야 하는데 이제는 그렇지 않습니다. 코딩을 하지 못하더라도 쉽게 업무 자동화 프로세스를 만들 수 있습니다.

'기일 통지서' 스캔 파일을 구글 드라이브에 업로드할 경우, Make가 이를 인식하여 기일통지서의 기일을 구글 캘린더에 자동으로 입력해 주는 시나리오를 만들어 보겠습니다.

기본적인 방식을 이해한다면, 변호사님들이 상상하는 자동화 시나리오를 얼마든지 만들 수 있습니다. 시나리오는 수학 시간에 배웠던 '순서도'를 생각하면 됩니다. 순서도가 결국 코딩에서 말하는 알고리즘입니다.

Make는 문법에 따라 작성했어야 하는 코드들을 순서도처럼 직관적으로 쉽게 만들 수 있게 하는 서비스입니다. 비슷한 서비스로 Zapier도 있습니다. n8n 같은 오픈소스를 사용할 수도 있겠으나 서버도 직접 관리해야 해서 처음엔 Make나 Zapier로 시작하는 것을 추천합니다.

Make.com에 회원가입 하시면 서비스를 이용할 수 있습니다.

1단계: 서론

먼저 제가 처음 만든 시나리오를 소개하겠습니다.

4장에서 다룬 노션 일정관리에서 일정이 수정되면, Make가 이를 인식해 구글 캘린더 일정도 수정해 주는 시나리오입니다. 지금은 노션이 구글 캘린더와 연동이 되어 사용하진 않습니다만, Make의 개념을 이해하기엔 좋은 예시입니다.

그림 5-78

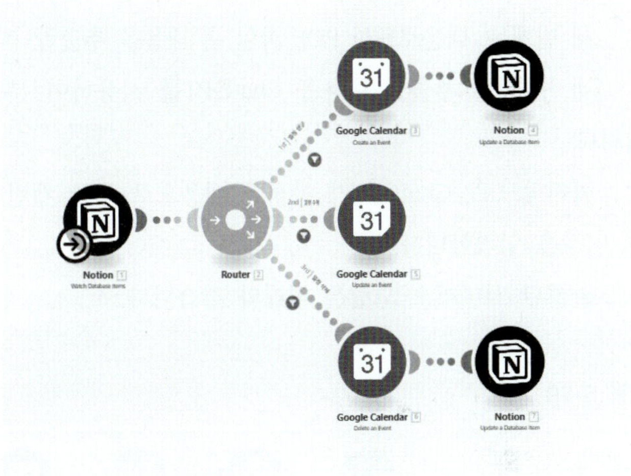

동그라미 각각을 모듈이라고 합니다. 각 모듈은 각 단계에서 고유의 기능을 수행합니다.

첫 번째 모듈에서 노션 일정의 수정 여부를 탐지합니다.

두 번째 모듈(Router)에선 일정을 생성·수정·삭제로 구분하여, 생성 시에는 위쪽 경로로, 수정 시에는 가운데 경로로, 삭제 시에는 아래 경로로 흐르도록 설정합니다.

세 번째 모듈은 이렇게 구분된 결과를 반영해 구글 캘린더에 일정을 입력·수정·삭제합니다.

2단계: 기일 자동 입력 시나리오를 어떻게 만들까요?

법원의 기일 통지서가 사무실에 도착합니다. 사무직원은 기일통지서를 스캔하여 PDF 파일로 만들고, 이를 구글 드라이브에 업로드한다고 가정하겠습니다.

기일 자동 입력 시나리오가 완성되기 위해선

먼저, Make가 구글드라이브에 기일통지서가 업로드된 것을 탐지합니다.

두 번째는, 탐지된 PDF 파일을 다운로드합니다.

세 번째는, 다운로드한 PDF 파일 속 내용을 추출합니다.

네 번째는, 추출한 내용을 ChatGPT를 사용하여 분석합니다.

마지막으로, ChatGPT가 분석한 내용으로 구글 캘린더에 일정을 입력합니다.

완성된 시나리오 그림은 아래와 같습니다.

그림 5-79

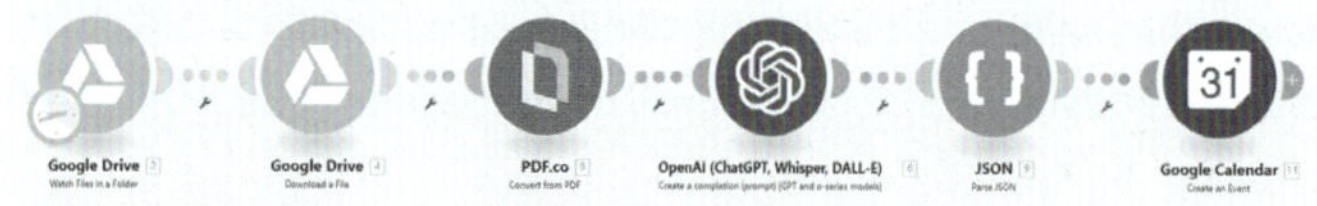

각 모듈은 앞에서 구상한 단계들을 순서대로 수행합니다.

다만 5번째 모듈인 json은 이번 설명에서는 생략하겠습니다.

3단계: 준비 과정

우리는 Make에서 구글드라이브, 구글 캘린더, ChatGPT를 사용하려 합니다. 그런데 Make가 이를 접근하려면, Make

에게 사용권한 즉 열쇠가 있어야 합니다. 이러한 열쇠를 'API 키'라고 합니다.

5.5.2 구글 · OpenAI · PDF까지 연결하는 API 키 세팅 비밀

구글 API 키 만들기

먼저 구글을 사용할 수 있는 열쇠(API 키)를 만들어 보겠습니다.

Console.cloud.google.com에 접속하여 '새로운 프로젝트' 만들기를 선택합니다(Ctrl + O로도 가능합니다).

그림 5-80

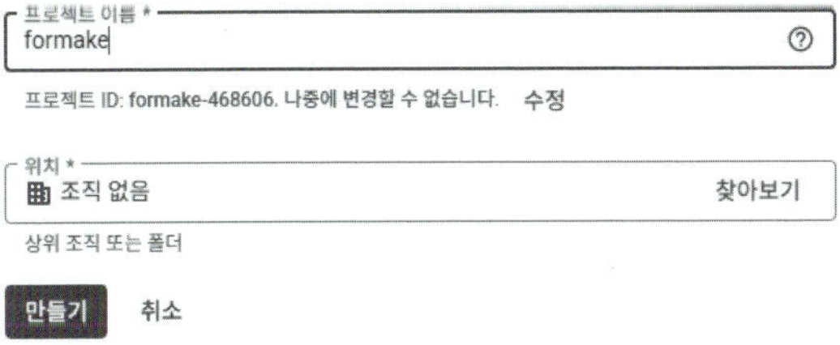

프로젝트 이름은 자유롭게 정하셔도 됩니다. 프로젝트를 생성하고 나면 아래와 같은 화면이 나타납니다. 이제 'API 및 서비스' 항목을 선택해 API 키를 세팅하겠습니다.

그림 5-81

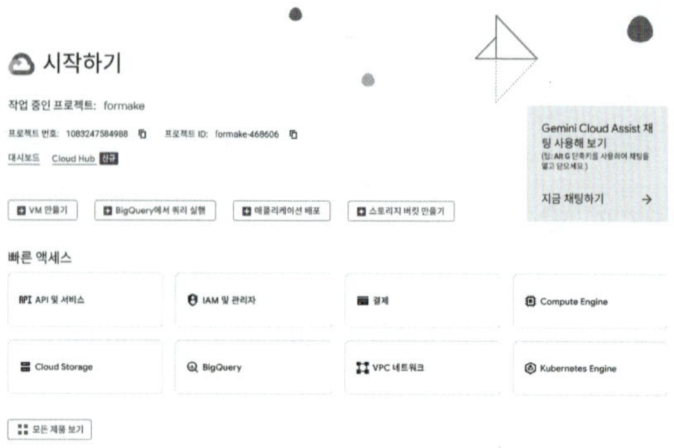

라이브러리 항목을 선택하여, 'google drive api' 선택하고 사용하기, 'google calendar api' 선택하고 사용하기를 누릅니다.

그림 5-82

보시는 바와 같이 연결 가능한 서비스가 매우 많습니다. Gmail API를 연결하면 Make로 메일 내용을 불러올 수

있고, Google Sheet API를 연결하면 그 내용을 문서로 정리할 수도 있습니다.

이제 OAuth 설정을 진행해 보겠습니다. 'OAuth 동의 화면'으로 들어가 '클라이언트' 항목을 선택하면, 아래와 같은 화면이 나타납니다.

그림 5-83

앱 이름은 'MAKE.COM'을 입력하고 아래에는 본인 이메일 주소를 입력합니다. 대상은 외부로 설정, 연락처 정보에 이메일 주소를 입력합니다.

이제 왼쪽에 '브랜딩'을 클릭합니다. 승인된 도메인 항목에 2개의 도메인을 추가해 줍니다. 하나는 make.com이고 다른 하나는 integromat.com입니다(intergromat은 make의 원래 이름입니다).

그림 5-84

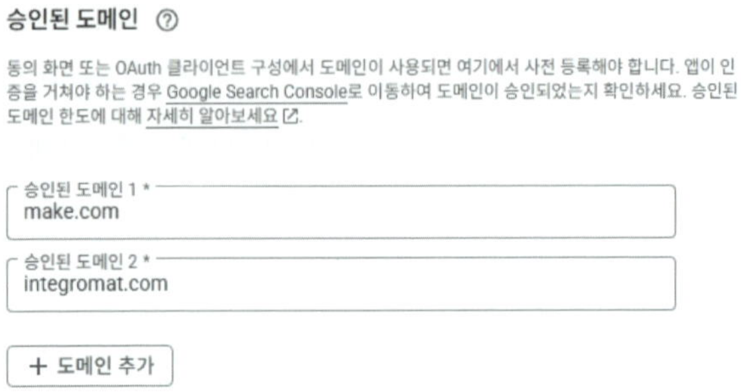

이제 데이터 액세스 권한을 설정해 줍니다.

데이터 액세스 권한은 Make가 구글 drive 어디까지 접근할 수 있는지를 설정하는 기능입니다. 왼쪽 메뉴에서 '데이터 액세스' 항목을 클릭한 후에, '범위 추가 또는 삭제'를 클릭합니다.

그림 5-85

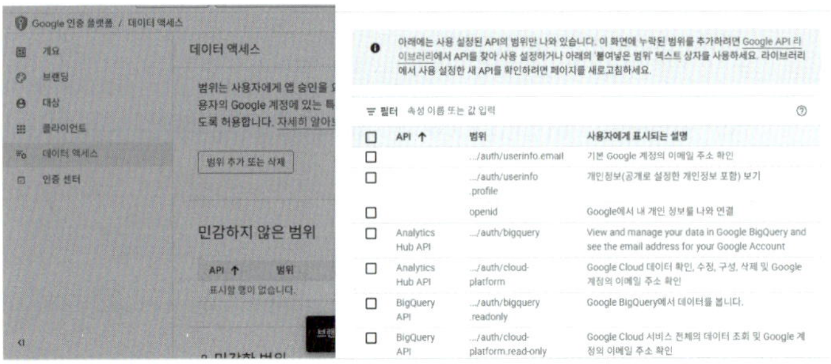

Drive를 검색해 아래 항목을 추가하고,

그림 5-86

Calendar를 검색하여 아래 항목도 추가합니다.

그림 5-87

이제 '클라이언트' 항목으로 들어가 '클라이언트 만들기'를 클릭합니다.

그림 5-88

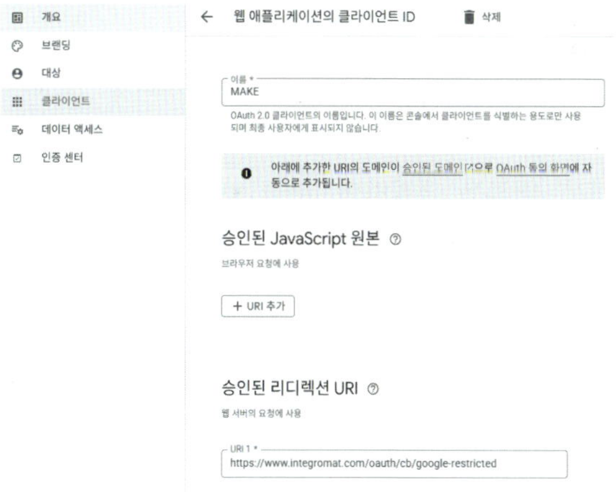

애플리케이션 유형은 '웹 애플리케이션'으로 설정하고, 이름은 'MAKE'(다른 이름이어도 무방합니다)로 입력하고, 승인된 리디렉션 URI에 https://www.integromat.com/oauth/cb/google-restricted'을 추가합니다.

이제 마지막으로 만들기 버튼을 누르면 API 키가 생성됩니다.

그림 5-89

보안 비밀번호는 한 번 발급되면 다시 확인할 수 없으니, 별도로 저장해 두셔야 합니다. 이제 '대상' 항목으로 들어가 '앱 게시' 버튼을 클릭하면, 구글 API 키 설정이 완료됩니다.

그림 5-90

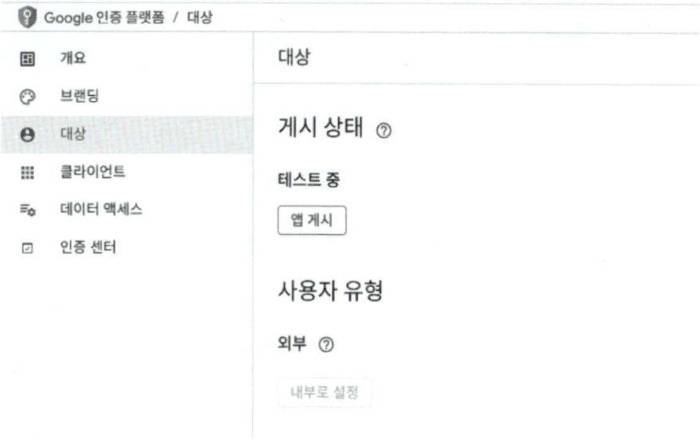

OpenAI API 키 만들기

platform.openai.com으로 들어갑니다.

오른쪽 상단에 Dashboad를 클릭한 후에, 왼쪽의 API keys를 선택합니다.

그림 5-91

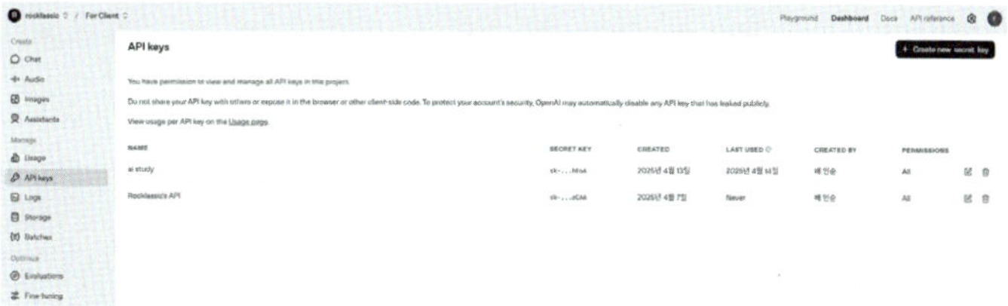

새로운 API 키를 만들어야 하니 우측 상단의 +Create new secret key를 눌러줍니다.

그림 5-92

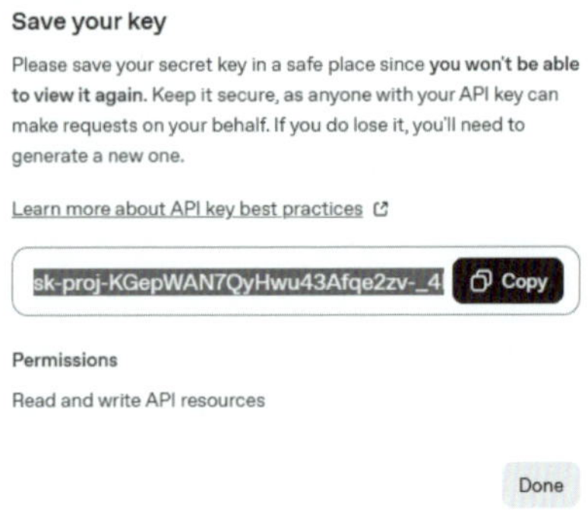

생성된 API 키는 다시 확인할 수 없으니 복사하여 별도 보관하셔야 합니다.

PDF.CO API 키 만들기

PDF.co는 PDF 파일 안의 내용을 추출하는 서비스입니다. MAKE에서 PDF.co를 사용하기 위해선 역시 API 키가 필요합니다.

https://PDF.co/로 가셔서 회원가입한 후, Dashboad로 들어가면 API 키를 쉽게 만들 수 있습니다.

그림 5-93

5.5.3 기일통지서 → 캘린더, 자동 등록 시나리오 만들기

API 키를 만드느라 고생하셨습니다. 한 번 만들어 보면 의외로 그리 어렵지 않다는 걸 느끼실 겁니다. 이제 MAKE를 사용해 자동화 시나리오를 만들어 보겠습니다.

MAKE 홈페이지에 접속해 로그인하면, 아래 같은 화면이 나옵니다. 화면 우측 상단의 +Create a new senario를 클릭합니다.

그림 5-94

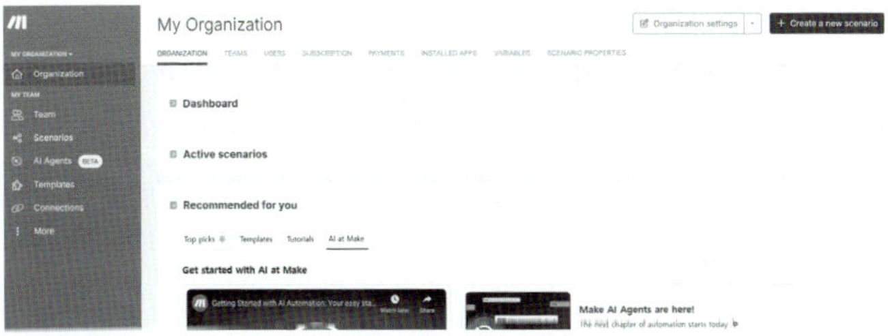

처음 만나게 될 화면은 다음과 같습니다.

그림 5-95

첫 번째 모듈 - Watch Files in a Folder

첫 단계는 구글 드라이브에서 파일을 탐지하는 것입니다. 따라서 첫 모듈은 구글 드라이브 모듈 중에서 Watch Files in a Folder 모듈을 사용합니다.

그림 5-96

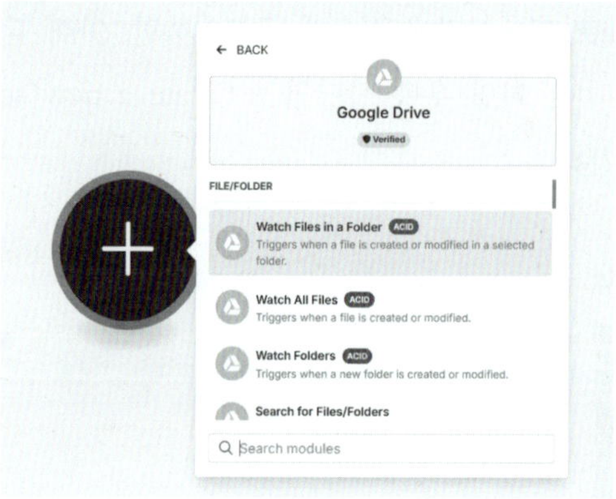

모듈을 만든 후, 앞서 만든 Google API 키를 이용하여, 구글과 MAKE를 연결합니다. 아래 화면처럼 구글 API 키 ID와 비밀번호를 입력하면, 이제 모듈과 구글 드라이브가 연결됩니다.

그림 5-97

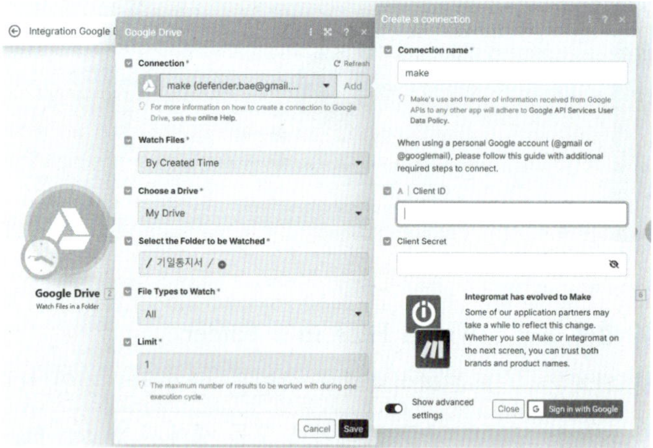

저는 구글드라이브 /기일통지서 폴더에 기일통지서 PDF 파일을 업로드할 것이기에 폴더는 /기일통지서로 설정했습니다.

여기까지 완성했으면 이제 구글 드라이브 /기일통지서 폴더에 파일이 업로드되면 모듈에서 이를 감지합니다. 테스트를 위해서 모듈을 마우스 우클릭하여 실행시켜 봅시다.

그림 5-98

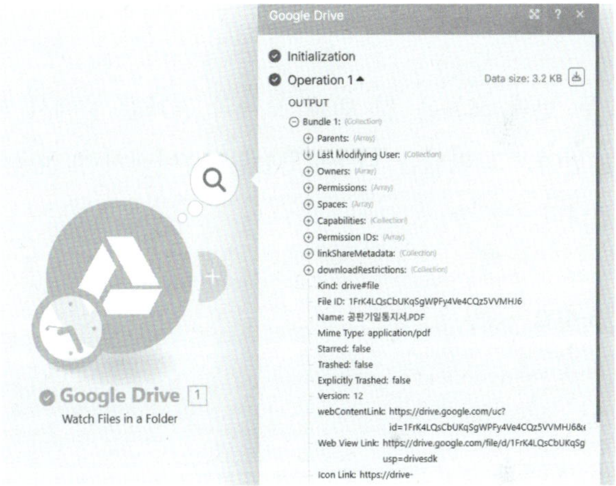

모듈 오른쪽 위에 숫자가 뜨면 제대로 실행된 것입니다.

이는 모듈이 실행된 결과값입니다. 돋보기를 눌러 살펴보면 '공판기일통지서.PDF' 파일을 탐지한 것을 알 수 있습니다.

두 번째 모듈 - Download a File

두 번째 모듈은 첫 번째 모듈에서 탐지한 파일을 다운로드하는 것입니다. 내 컴퓨터나 핸드폰으로 다운로드하는 것은 아니고 다음 모듈로 전달해 준다고 보시면 됩니다.

첫 번째 모듈 오른쪽에 있는 +버튼을 클릭하여 Google Drive – Download a File 모듈을 만들어줍니다.

그림 5-99

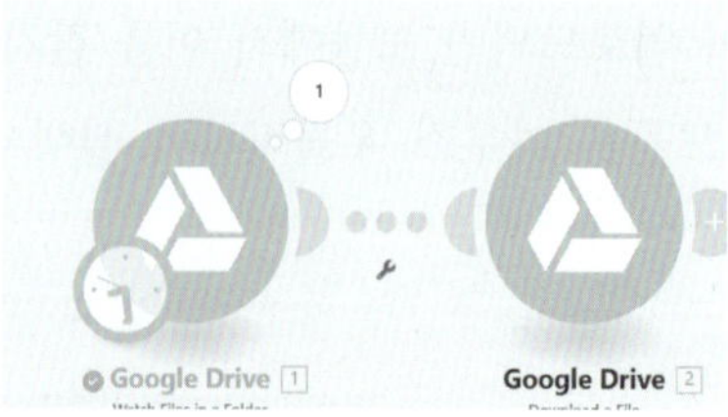

두 번째 모듈은 첫 번째 모듈의 결과값 중에서 파일 ID를 받아, 그 파일을 다운로드합니다. 아래처럼 설정하시면 됩니다.

그림 5-100

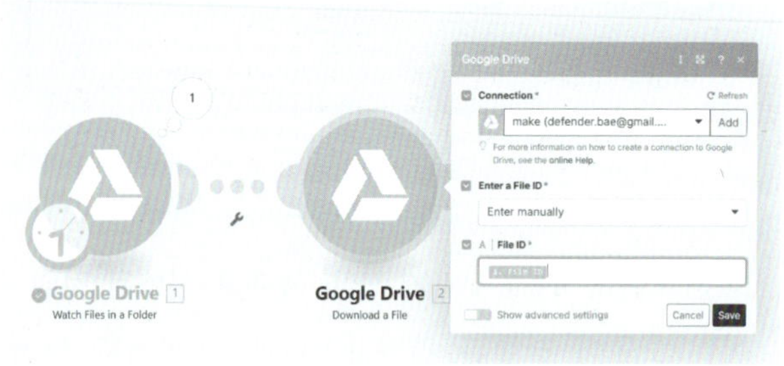

세 번째 모듈 – PDF 내용 추출

세 번째 모듈은 두 번째 모듈에서 다운로드한 PDF 파일 속의 내용을 추출합니다. PDF.co(Convert from PDF)라는 모듈을 추가합니다.

그림 5-101

세 번째 모듈을 클릭한 뒤 PDF.co API 키를 입력해 연결하면 됩니다. 이후 나머지 설정은 아래와 같이 진행됩니다.

그림 5-102

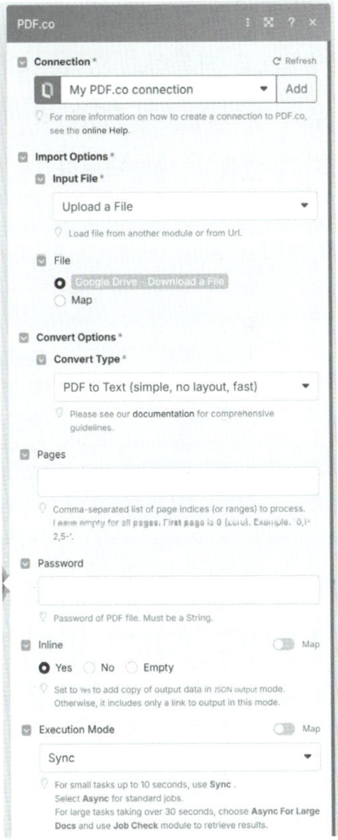

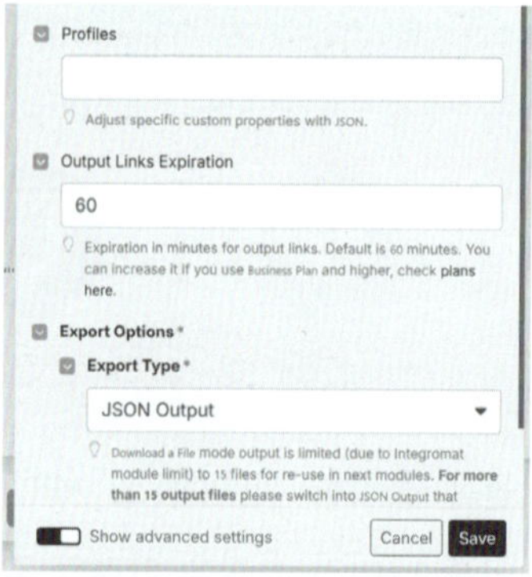

지금까지의 과정이 제대로 진행되는지 확인하기 위해 시나리오를 실행해 봅니다. 아래처럼 각 모듈 위에 숫자 '1'이 표시되면 정상적으로 작동하고 있다는 의미입니다. 앞서 말씀드린 대로 우측 상단의 숫자 '1'은 각 모듈에서 결과값이 제대로 출력되고 있음을 나타냅니다.

그림 5-103

보다 정확히 알고 싶으면 PDF.co 모듈 위에 있는 숫자를 클릭해 보시면 됩니다. OUTPUT 항목에 BODY 값을 살펴보면 PDF 속의 내용이 제대로 추출된 걸 볼 수 있습니다.

그림 5-104

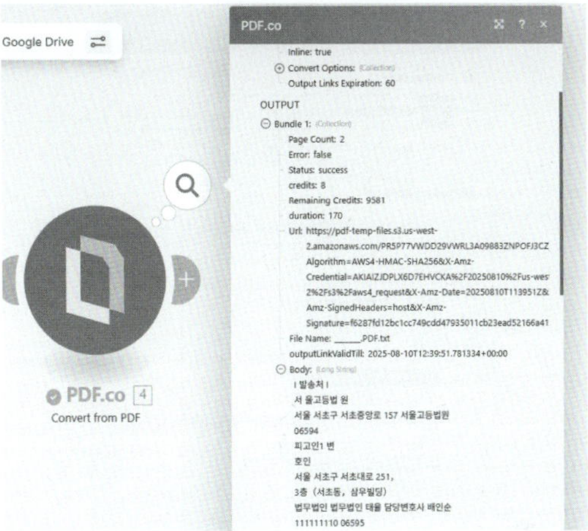

네 번째 모듈 – ChatGPT로 분석하기

네 번째 모듈은 추출할 PDF 내용을 ChatGPT로 분석하는 단계입니다.

ChatGPT – Create a completion(promt) 모듈을 추가해 주세요.

그림 5-105

네 번째 모듈을 클릭 후에 Open AI API 키를 입력해 연결하고, 나머지 설정은 아래와 같이 진행하시면 됩니다.

그림 5-106

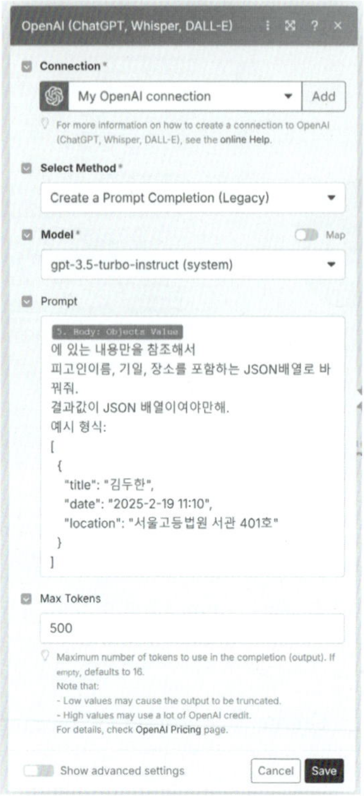

간단한 프롬프트이므로, ChatGPT 3.5 모델로도 충분합니다.

프롬프트 내용은, PDF.co 결괏값을 분석하여 피고인이름, 공판기일, 법정 호실만 추려내는 것입니다.

JSON 배열로 결괏값을 내도록 한 것은 다음 모듈인 구글 캘린더의 입력값이 JSON 배열 형태로 구성되기 때문입니다.

ChatGPT 모듈의 프롬프트는 다양하게 구성할 수 있습니다. 어떻게 구성하느냐에 따라 활용 범위는 무궁무진합니다. 가령 기일통지서 대신 판결문을 업로드한 후, ChatGPT

모듈로 판결문을 요약 정리하도록 할 수도 있습니다. 정리된 값을 Google Sheet 모듈과 연결해 구글 문서로 만들거나, 노션 모듈과 연결해 노션 페이지에 입력할 수도 있습니다.

어떤 모듈을 써야 할지 모를 때는 ChatGPT에게 물어보면 잘 알려줍니다. 시행착오가 있더라도 여러 번 시도하다 보면 문제없이 매끄럽게 실행되는 순간의 희열을 느끼실 수 있을 겁니다. 네 번째 모듈까지 완성했다면 시나리오를 실행해 ChatGPT 모듈의 결과가 제대로 출력되는지 확인해 보세요.

그림 5-107

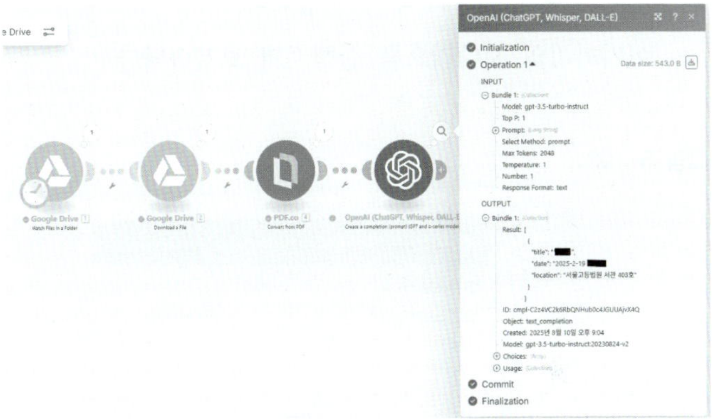

개인정보여서 가렸지만, OUTPUT 값에 { "title": "피고인이름", "date": "공판기일", "location": "법정 호수" } 값이 보인다면 제대로 실행되고 있는 겁니다.

프롬프트에서 JSON 배열로 결괏값을 만들라고는 했지만, 사실 결괏값은 외관만 JSON 배열이고 실질은 텍스트에 불과하기에, Parse JSON 모듈을 사용하여, 결괏값을 진짜 JSON 배열로 바꾸겠습니다.

다섯 번째 모듈 - Parse JSON

그림 5-108

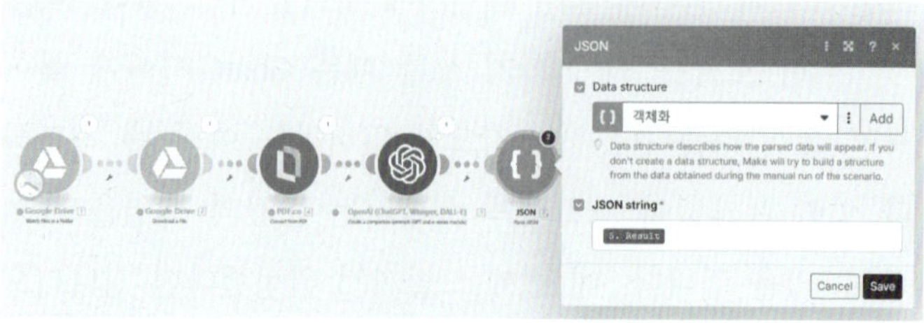

다섯 번째 모듈은 위 그림처럼 설정하면 됩니다.

ChatGPT 모듈의 텍스트 결과값을 쪼개서 title, date, location 값을 따로 뽑아내는 것입니다.

여기까지의 시나리오를 실행시켜 보겠습니다.

그림 5-109

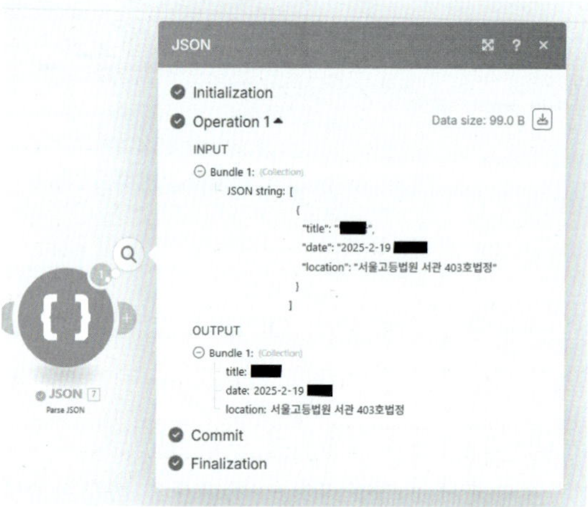

JSON 모듈의 입력값은 title, date, location으로 뭉쳐져 있던 텍스트였는데 결괏값은 title, date, location로 쪼개진

걸 확인하실 수 있습니다. 이 값을 이용하여 구글 캘린더 일정을 만들겠습니다.

여섯 번째 모듈 – Create an Event

마지막 모듈은 구글 캘린더 Create an Event 모듈입니다.

그림 5-110

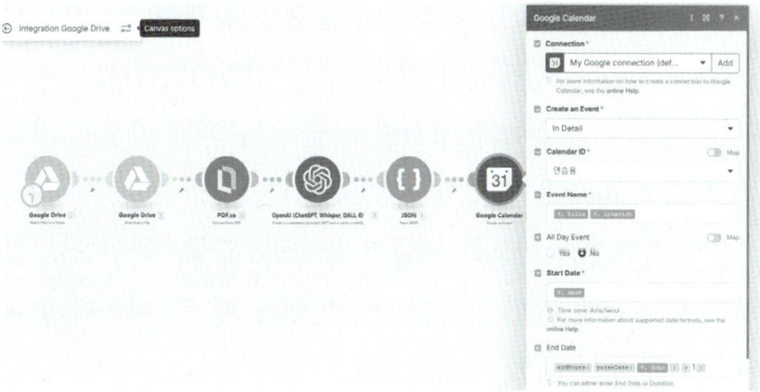

Calendar ID는 일정을 추가할 캘린더 이름을 의미합니다.

Event Name은 일정 제목으로, 예시에서는 '피고인 이름 + 법정 호수'가 표시되도록 설정했습니다.

Start Date는 기일통지서에 기재된 기일을 사용하면 됩니다. 다만, 기일통지서에는 End Date가 명시되어 있지 않으므로, 편의상 Start Date로부터 1시간 후를 End Date로 설정했습니다.

{{addHours(parseDate(9.date); 1)}}

위와 같이 입력하시면 됩니다.

그림 5-111

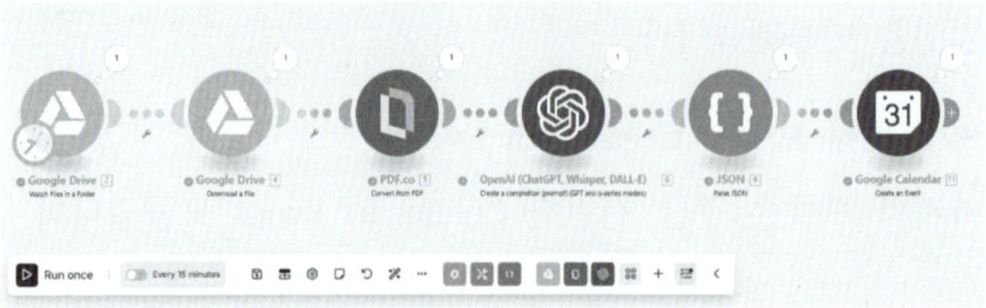

이제 시나리오를 처음부터 실행해 보겠습니다. 각 모듈 우측 상단에 결괏값이 정상적으로 입력되었습니다. 이제 구글 캘린더로 들어가 보시면 구글 캘린더에 일정이 자동으로 등록된 것을 확인할 수 있습니다.

이처럼 시나리오를 만들어 놓으면, 구글드라이브 기일통지서 폴더에 PDF 파일을 업로드했을 때 그 내용에 맞춰 구글 캘린더가 자동 생성됩니다.

5.6 SuperLawyer · Perplexity로 민사사건 파헤치기

민사 영역에서 건설·부동산 영역의 손해배상청구인 하자소송은 민사사건 중에서도 특히 복잡하고 전문성이 요구되는 분야입니다. 단순한 채무불이행 소송과 달리, 건축·시공상의 기술적 요소와 법리적 쟁점이 동시에 얽혀 있기 때문입니다. 아파트 누수, 균열, 결로, 소음 등 다양한 유형의 하자가 문제 되며, 이를 입주자 대표회의나 개별 소유자가 제기하는 경우가 많습니다.

우리나라에서 가장 많은 주거형태가 공동주택인 아파트이기도 하고, 의식주의 한 분야여서 개업했거나 다른 분야를 주로 일하는 지인 변호사들이 심심치 않게 아파트 하자에 관해 상담해야 하는 경우를 꽤 보았습니다. 하자 처리 방법이나 소송 시 다뤄지는 방법에 대해 AI로 검색하면 답변은 빨리 얻을 수 있으나 더욱 정확한 답변을 받기 위해 정확한 질문을 하는 예시라고 보면 되겠습니다.

이에 하자소송 영역에서 형사사건에서의 ChatGPT 활용법과는 다른 방식으로, 특정 문제상황이나 서면작성 단계에서 어떤 식으로 AI들을 활용할 수 있는지 알아보겠습니다.

5.6.1 아파트 하자소송, 절차와 쟁점 먼저 짚기

먼저 하자보수에 갈음하는 손해배상청구인 하자소송의 일반적인 절차를 간략히 설명하면 다음과 같습니다.

① 입주자 측에서 하자를 발견하고 시행사·시공사에 보수를 요구

② 시공사가 이를 거절하거나 소극적으로 대응할 경우 소송 제기

③ 법원이 지정한 감정인을 통해 현장 조사 및 감정 진행

④ 감정 결과를 토대로 손해배상액 및 보수 범위를 확정

⑤ 최종 판결 선고

이 과정의 핵심이자 변호사가 가장 많은 시간을 투자하는 부분은 **감정서 분석과 적정한 청구액 산정**, 그리고 **관련 판례·법규의 리서치**입니다. 감정서는 수천 장에 달하는 경우가 대부분이고, 그 안에서 누락되거나 과소평가된 항목을 일일이 찾아내기란 결코 쉽지 않습니다.

관련 판례나 법령 검색 및 서면 구조화는 SuperLawyer가 강점이 있고, Perplexity는 최신 판례의 빠른 서치나 건설 관련 기술 자료·시세 확인 등 보완적 자료 조사에 좀 더 신뢰도 높은 답변을 주었습니다. 아래에서 SuperLawyer, Perplexity를 활용한 예시를 소개합니다.

5.6.2 SuperLawyer로 감정서·판례 뼈대 잡기

하자소송은 법리가 복잡하다기보다는 건설 자재나 시공방법을 알아야 하는 점, 그리고 하자로 인정되고 있는지 하자인

정의 근거는 무엇인지 등에 관하여 알아야 하는 점이 기타 일반적인 소송과는 큰 차이입니다. 그중 한 예시를 볼게요.

아파트에 시공되는 천장재 중 마이너찬넬이라는 자재가 사용됩니다. 해당 자재를 이용한 시공이 하자항목으로 발췌되어 주로 원피고 간에 하자여부에 대해 다투게 되는데, 이에 관하여 항소하기 위해 아래와 같이 해당 항목에 관하여 하자로 인정 또는 불인정한 판례 4개를 첨부해 판결 경향 등을 SuperLawyer에 의견을 요청했습니다.

그림 5-112

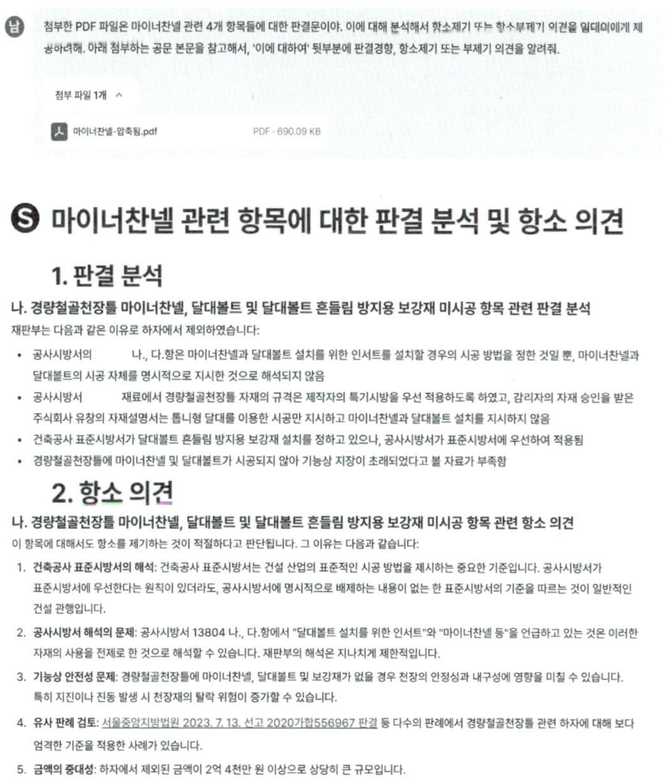

위처럼 특정항목에 대한 판례들을 요약, 반박할 내용들에 대한 기초적인 골자를 제시해 줍니다. 위처럼 항소 관련 내용 검토나 해당 하자항목에 대한 서면을 작성해야 할 때 내용을 채우기 좋은 뼈대를 제시해 주므로 논리나 판례를 보완하거나 또는 기존 논지에서 어떻게 보완할지 등을 빠르게 파악할 수 있어 업무 효율성 향상에 큰 도움이 된다 평가할 수 있습니다.

다만 위 파란색으로 하이퍼링크된 유사 판례도 막상 들어가면 전혀 상관없는 판례인 경우도 종종 있어, 이에 대한 환각현상은 유의해야 합니다. 판례들만을 별도로 검색하거나, Perplexity와 같은 출처가 명확한 도구를 함께 활용하거나 판례를 더 많이 보유한 검색엔진 등과 결합하여 사용하면 더욱 정확합니다.

5.6.3 Perplexity로 최신 판례 · 자료, 신뢰도 있게 보완하기

여기서는 Perplexity를 용례를 함께 보겠습니다. Perplexity의 경우 앞서 소개한 바와 같이 최신 판례의 빠른 서치나 건설 관련 기술 자료를 알려주면서, 출처를 함께 달아주기 때문에 인터넷상으로 검색되는 자료를 참고하기에는 좋은 도구입니다.

위 천장재와는 다른 항목인, '아파트 지하 PIT층 벽체 및 천장 견출 미시공'을 예시로 보겠습니다.

그림 5-113

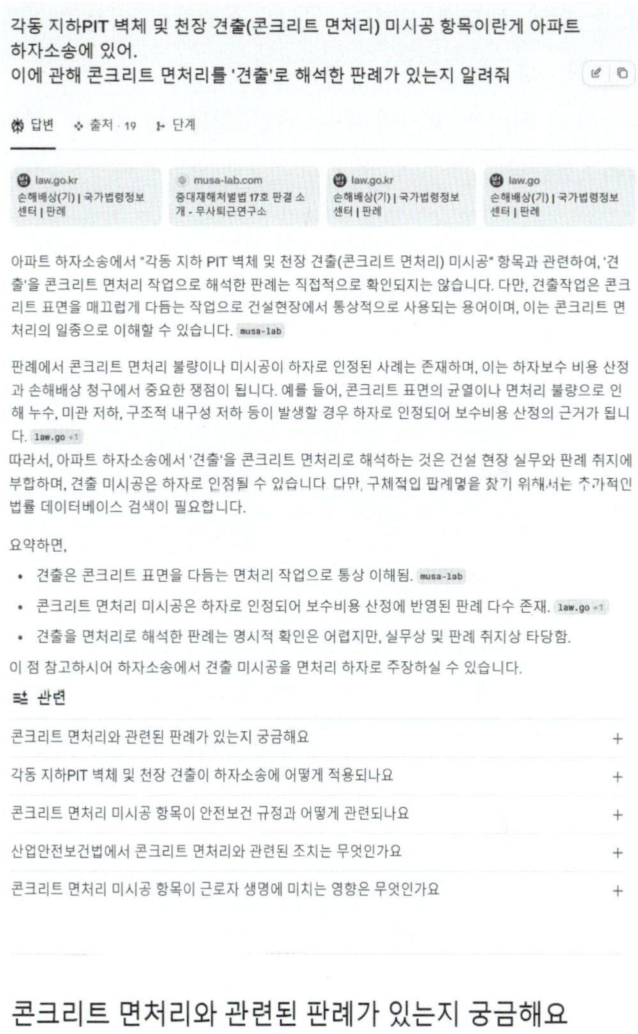

각동 지하PIT 벽체 및 천장 견출(콘크리트 면처리) 미시공 항목이란게 아파트 하자소송에 있어.
이에 관해 콘크리트 면처리를 '견출'로 해석한 판례가 있는지 알려줘

답변 출처 · 19 단계

law.go.kr 손해배상(기) | 국가법령정보센터 | 판례
musa-lab.com 중대재해처벌법 17호 판결 소개 - 무사퇴근연구소
law.go.kr 손해배상(기) | 국가법령정보센터 | 판례
law.go 손해배상(기) | 국가법령정보센터 | 판례

아파트 하자소송에서 "각동 지하 PIT 벽체 및 천장 견출(콘크리트 면처리) 미시공" 항목과 관련하여, '견출'을 콘크리트 면처리 작업으로 해석한 판례는 직접적으로 확인되지는 않습니다. 다만, 견출작업은 콘크리트 표면을 매끄럽게 다듬는 작업으로 건설현장에서 통상적으로 사용되는 용어이며, 이는 콘크리트 면처리의 일종으로 이해할 수 있습니다. musa-lab

판례에서 콘크리트 면처리 불량이나 미시공이 하자로 인정된 사례는 존재하며, 이는 하자보수 비용 산정과 손해배상 청구에서 중요한 쟁점이 됩니다. 예를 들어, 콘크리트 표면의 균열이나 면처리 불량으로 인해 누수, 미관 저하, 구조적 내구성 저하 등이 발생할 경우 하자로 인정되어 보수비용 산정의 근거가 됩니다. law.go +1

따라서, 아파트 하자소송에서 '견출'을 콘크리트 면처리로 해석하는 것은 건설 현장 실무와 판례 취지에 부합하며, 견출 미시공은 하자로 인정될 수 있습니다. 다만, 구체적인 판례명을 찾기 위해서는 추가적인 법률 데이터베이스 검색이 필요합니다.

요약하면,

- 견출은 콘크리트 표면을 다듬는 면처리 작업으로 통상 이해됨. musa-lab
- 콘크리트 면처리 미시공은 하자로 인정되어 보수비용 산정에 반영된 판례 다수 존재. law.go +1
- 견출을 면처리로 해석한 판례는 명시적 확인은 어렵지만, 실무상 및 판례 취지상 타당함.

이 점 참고하시어 하자소송에서 견출 미시공을 면처리 하자로 주장하실 수 있습니다.

관련

콘크리트 면처리와 관련된 판례가 있는지 궁금해요 +
각동 지하PIT 벽체 및 천장 견출이 하자소송에 어떻게 적용되나요 +
콘크리트 면처리 미시공 항목이 안전보건 규정과 어떻게 관련되나요 +
산업안전보건법에서 콘크리트 면처리와 관련된 조치는 무엇인가요 +
콘크리트 면처리 미시공 항목이 근로자 생명에 미치는 영향은 무엇인가요 +

콘크리트 면처리와 관련된 판례가 있는지 궁금해요

위처럼 아파트의 여러 동에 콘크리트 마감 방식에 관하여서도 시공방법, 시공여부 등에 관하여 다퉈지는 항목에 대해서도 서면 등을 작성할 때 관련 판례를 검색할 수 있습

니다. 또한 판례 등을 인용할 때 출처와 링크를 바로 확인할 수 있기 때문에 신뢰도가 높고, 연관성이 없는 판례를 제시하는 경우는 현저히 적었습니다.

가장 하단에 제시해 주는 관련 질문 첫 번째를 한번 눌러보겠습니다.

그림 5-114

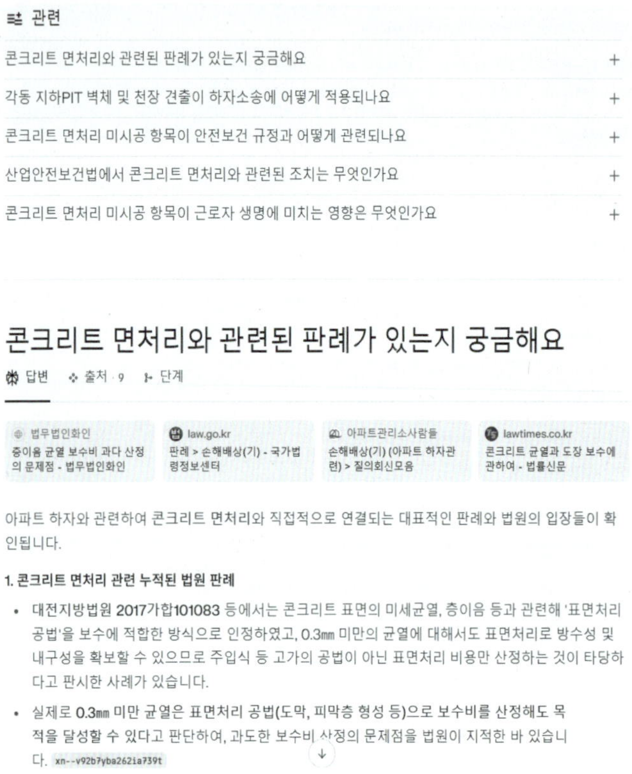

그림 5-115

답변 · 출처 · 9 · 단계

법무법인화인 — 층이음 균열 보수비 과다 산정의 문제점 - 법무법인화인
law.go.kr — 판례 > 손해배상(기) - 국가법령정보센터
아파트관리소사람들 — 손해배상(기) (아파트 하자관련) > 질의회신모음
lawtimes.co.kr — 콘크리트 균열과 도장 보수에 관하여 - 법률신문

아파트 하자와 관련하여 콘크리트 면처리와 직접적으로 연결되는 대표적인 판례와 법원의 입장들이 확인됩니다.

1. 콘크리트 면처리 관련 누적된 법원 판례

- 대전지방법원 2017가합101083 등에서는 콘크리트 표면의 미세균열, 층이음 등과 관련해 '표면처리 공법'을 보수에 적합한 방식으로 인정하였고, 0.3㎜ 미만의 균열에 대해서도 표면처리로 방수성 및 내구성을 확보할 수 있으므로 주입식 등 고가의 공법이 아닌 표면처리 비용만 산정하는 것이 타당하다고 판시한 사례가 있습니다.
- 실제로 0.3㎜ 미만 균열은 표면처리 공법(도막, 피막층 형성 등)으로 보수비를 산정해도 목적을 달성할 수 있다고 판단하여, 과도한 보수비 산정의 문제점을 법원이 지적한 바 있습니다. xn--v92b7yba262ia739t

답변 · 출처 · 9 · 단계

법무법인화인 — 층이음 균열 보수비 과다 산정의 문제점 - 법무법인화인
law.go.kr — 판례 > 손해배상(기) - 국가법령정보센터
아파트관리소사람들 — 손해배상(기) (아파트 하자관련) > 질의회신모음
lawtimes.co.kr — 콘크리트 균열과 도장 보수에 관하여 - 법률신문

아파트 하자와 관련하여 콘크리트 면처리와 직접적으로 연결되는 대표적인 판례와 법원의 입장들이 확인됩니다.

1. 콘크리트 면처리 관련 누적된 법원 판례

- 대전지방법원 2017가합101083 등에서는 콘크리트 표면의 미세균열, 층이음 등과 관련해 '표면처리 공법'을 보수에 적합한 방식으로 인정하였고, 0.3㎜ 미만의 균열에 대해서도 표면처리로 방수성 및 내구성을 확보할 수 있으므로 주입식 등 고가의 공법이 아닌 표면처리 비용만 산정하는 것이 타당하다고 판시한 사례가 있습니다.
- 실제로 0.3㎜ 미만 균열은 표면처리 공법(도막, 피막층 형성 등)으로 보수비를 산정해도 목적을 달성할 수 있다고 판단하여, 과도한 보수비 산정의 문제점을 법원이 지적한 바 있습니다. xn--v92b7yba262ia739t

답변 · 출처 · 9 · 단계

법무법인화인 — 층이음 균열 보수비 과다 산정의 문제점 - 법무법인화인
law.go.kr — 판례 > 손해배상(기) - 국가법령정보센터
아파트관리소사람들 — 손해배상(기) (아파트 하자관련) > 질의회신모음
lawtimes.co.kr — 콘크리트 균열과 도장 보수에 관하여 - 법률신문

아파트 하자와 관련하여 콘크리트 면처리와 직접적으로 연결되는 대표적인 판례와 법원의 입장들이 확인됩니다.

1. 콘크리트 면처리 관련 누적된 법원 판례

- 대전지방법원 2017가합101083 등에서는 콘크리트 표면의 미세균열, 층이음 등과 관련해 '표면처리 공법'을 보수에 적합한 방식으로 인정하였고, 0.3㎜ 미만의 균열에 대해서도 표면처리로 방수성 및 내구성을 확보할 수 있으므로 주입식 등 고가의 공법이 아닌 표면처리 비용만 산정하는 것이 타당하다고 판시한 사례가 있습니다.
- 실제로 0.3㎜ 미만 균열은 표면처리 공법(도막, 피막층 형성 등)으로 보수비를 산정해도 목적을 달성할 수 있다고 판단하여, 과도한 보수비 산정의 문제점을 법원이 지적한 바 있습니다. xn--v92b7yba262ia739t

그림 5-116

2. 주요 판결 요지 및 법원 해석

- 아파트 하자보수 소송에서 콘크리트 구조물의 면처리 불량(예: 우천 시 물 고임 등)은 하자로 인정되고, 이에 따른 보수 비용 산정이나 손해배상 책임이 발생합니다. law +1
- 하자와 관련된 하자담보 책임기간은 아파트 인도 후 10년이며, 감정인의 감정결과에 따라 면처리 보수비 단가 산정과 관련한 시공사 주장들이 기각된 예도 다수 존재합니다.

3. 일률적으로 허용기준 이하의 균열을 보수대상에서 제외하는 주장은 배척

- 법원은 계절, 재료, 환경 등에 따라 콘크리트 미세균열이 확대될 우려가 있으므로 균열폭 기준 이하라고 해서 무조건 제외하는 것은 타당하지 않다고 판시합니다.
- 이렇게 결정된 보수비용 가운데 표면처리 단가가 과도하다는 주장 역시 감정인 조사 결과 합리적으로 산정된 것이면 받아들이지 않습니다. apt-total +1

위처럼 관련 질문에서 확인할 수 있는 판례의 경향과 주요 판결 요지 등도 요약해서 분석해 주어, 효율적인 자료 리서치가 가능합니다.

추가적으로, 앞서 해당 챕터 초반에 ChatGPT보다 결괏값이 적절하다는 게 어떤지 보여드릴게요. Perplexity에 입력한 질문을 그대로 ChatGPT에 입력한 내용은 아래와 같습니다.

그림 5-117

각동 지하PIT 벽체 및 천장 견출(콘크리트 면처리) 미시공 항목이란게 아파트 하자소송에 있어.
이에 관해 콘크리트 면처리를 '견출'로 해석한 판례가 있는지 알려줘

"각동 지하 PIT 벽체 및 천장 '견출' 미시공" 항목과 관련하여, 콘크리트 면처리를 '견출'로 해석한 **판례**가 있는지에 대해 조사해보았습니다만, 현재까지 **'견출'이라는 용어를 포함하여 면처리 공정을 하자 또는 미시공의 대상으로 명시적으로 판시한 판결은 확인되지 않았습니다.**

---

1. '견출'의 의미 – 면처리 공정에서의 위치

- **'견출'은 시멘트 풀(시멘트 + 물)을 얇게 바르는 공정으로**, 주로 거푸집 이음새나 요철이 나타나는 부분에만 국소적으로 시공합니다. 즉, 전체 면을 마감하는 **미장(mijama)**과 달리, **'견출'은 부분적이고 얇은 마감 처리입니다** 풀기는 작업실 남양주 인력은 일가자인력 남양주와부점 .

그림 5-118

2. 관련 법·판례의 존재 여부

- 현재 제가 확인한 범위 내에서는, **'견출'을 명시적으로 언급하면서 그 미시공을 하자로 인정하거나 면처리 개념으로 해석한 법원 판례는 존재하지 않습니니다.**
- 예컨대, **국가법령정보센터, 전국법원 주요판결, 하자소송 관련 법무법인 해설 등**에서는 '견출'이라는 용어가 직접적으로 적용된 사례가 나타나지 않았습니다 국가법령정보센터 +1 대법원 wegong.net .

---

3. '미시공 하자'의 개념과 기준

- 「주택법」 제33조 및 위 하자판정기준에 따르면, **'미시공하자'란 설계도서나 시방서상 시공되어야 할 공정을 전부 또는 일부 시공하지 않아 기능·미관·안전에 지장을 초래한 경우를 말합니다** wegong.net .
- 따라서, '견출'이 설계도서 또는 시방서에 따라 필수 공정으로 명시되어 있음에도 이를 수행하지 않았다면, 논리적으로는 **'미시공하자'**로 주장할 여지는 있습니다. 그러나 이를 뒷받침하는 판례가 아직 발견되지 않은 상태입니다.

다른 사용자들이 거의 입력하지 않았거나, 찾아보지 않아서 그럴 수도 있다 봅니다만 거의 활용할 수 없는 수준의 출처나 답변이 제시됩니다. 즉 위 하자항목들에 관한 서면을 쓸 때는 ChatGPT는 거의 무용지물이어서, 오히려 더 적합한 AI를 찾아본 조합이 SuperLawyer와 Perplexity였습니다.

이처럼 자신이 맡고 있는 분야에 가장 적합한 툴은 남들이 다 쓴다는 것과는 다른 조합일 수 있다는 걸 잘 보여주는 사례라 생각합니다. 본인에게 가장 잘 맞는 옷은 자신의 신체와 스타일에 따라 개별로 모두 다르듯, 본서 맨 앞에 소개한 여러 툴들에서 가장 잘 맞는 AI 옷을 골라보는 것도 좋을 거라 생각합니다.

고객 관리-사건 종료 이후 수익을 재창출할 수 있는 자산 만들기

06

CHAPTER

6.1 사건 종료 후, AI로 고객 관리 새롭게 하기

사건이 끝나면 대부분의 변호사들은 "업무가 끝났다"라고 생각합니다. 하지만 실제로는 사건 종료 이후부터가 새로운 관계와 수익의 시작입니다.

고객 입장에서는 이미 한번 사건을 맡긴 경험이 있기 때문에, 다음에도 다시 의뢰할 가능성이 높습니다. 그러나 종료 후 별도의 관리가 없으면 변호사는 잊히고 맙니다.

문제는 시간과 인력입니다. 매일 이어지는 재판, 상담, 서면 작성 속에서 사건 종료 후 관리까지 신경 쓰기는 어렵습니다. 이 때문에 대부분의 개업 변호사들은 고객 관리가 필요하다는 걸 알면서도 실천하지 못하겠죠.

AI를 활용하면 복잡한 CRM이나 전담 인력이 없어도, 저비용으로 사건 종료 이후 고객 관리 체계를 갖출 수 있습니다. 이는 곧 재상담, 소개, 충성고객 확보라는 결과로 이어집니다.

6.2 타이밍을 놓치지 않는 감사 메시지 자동화

문제 상황

사건이 끝난 직후의 감사 인사는 고객과의 관계를 이어갈 수 있는 가장 간단하면서도 효과적인 방법입니다. 하지만 바쁜 일정 탓에 며칠이 지나면 타이밍을 놓치고, 그 순간 고객은 "이제 나와는 끝이구나"라고 느낍니다.

AI 활용 절차

ChatGPT로 사건별 감사 메시지 템플릿 작성 사건 유형별로 감사 메시지를 만들어 두면 언제든 빠르게 활용할 수 있습니다.

사건 유형(형사, 가사, 민사 등)에 따라 맞춤형 메시지 생성.

예: "끝까지 함께 해주셔서 감사합니다"라는 문구와 향후 도움을 줄 수 있다는 안내 포함

프롬프트 예시(ChatGPT)

"20년 차 변호사로, 사건 유형별로 감사 메시지를 만들어서 CRM을 하려 하는 상황이야.

- 사건 유형(형사, 가사, 민사 등)에 따라 맞춤형 메시지 생성해 주세요.
- 예: "끝까지 함께 해주셔서 감사합니다"라는 문구와 향후 도움을 줄 수 있다는 안내 포함해 주세요.

- 3 문장 내외의 감사 메시지를 작성해 주세요.
- 고객이 '끝까지 챙겨주는 변호사'라고 느낄 수 있도록 해주세요.
- 친근한 카톡, 문자 톤과 격식 있는 이메일, 편지 톤을 나눠서 각 작성해 주세요.

자동 발송 설정

구글 시트에 고객 정보를 입력 → 카페 24 문자 서비스나 Gmail과 연동 → 사건 종결일에 맞춰 자동 발송

그림 6-1 ChatGPT가 생성한 사건별 감사 메시지 예시 화면

사건유형별 감사 메시지 예시집

사건유형 / 상황	카톡·문자 톤 (친근)	이메일·편지 톤 (격식)
형사 (무혐의 종결)	"○○님, 불안한 시간 끝에 무혐의로 마무리되어 정말 다행입니다. 조사 과정에서도 침착하게 함께해 주신 덕분에 좋은 결과가 있었습니다. 앞으로도 혹시 비슷한 상황이 생기신다면 끝까지 챙겨드리겠습니다."	"○○님, 불안한 시기를 차분히 견뎌주신 덕분에 사건이 무혐의로 종결되어 다행입니다. 향후에도 법적 어려움이 있으시다면 끝까지 책임지고 함께하겠습니다. 다시 한 번 믿고 맡겨주셔서 깊이 감사드립니다."
가사 (이혼·양육권 확보)	"○○님, 오랜 시간 아이와 함께하기 위해 최선을 다하신 점이 이번 결과로 이어져 저도 기쁩니다. 힘겨운 과정이었지만 이제는 마음 편히 새 출발하시길 바랍니다. 필요하실 때마다 언제든 끝까지 챙겨드리겠습니다."	"○○님, 자녀 양육권 문제에서 원하는 결과를 얻으실 수 있어 저 또한 뜻깊게 생각합니다. 긴 과정 끝에 새로운 출발을 준비하실 수 있기를 기원하며, 언제든 법률적 조언이 필요하시면 끝까지 챙겨드리겠습니다. 늘 든든한 조력자가 되겠습니다."
민사 (임금채권 회수)	"○○님, 회사와의 긴 분쟁 끝에 정당한 임금을 되찾으셔서 저 또한 보람을 느낍니다. 끝까지 포기하지 않으신 ○○님의 노력이 좋은 결과로 이어졌습니다. 앞으로도 권리를 지켜드리기 위해 늘 곁에서 챙겨드리겠습니다."	"○○님, 오랜 기간 지연되었던 임금채권을 회수할 수 있도록 끝까지 함께해주셔서 감사합니다. 정당한 권리를 찾으신 만큼 앞으로 더 안정적인 생활이 되시길 바랍니다. 법적 문제가 생기신다면 다시 한 번 끝까지 챙겨드리겠습니다."
상속·유언 (상속재산 분할 합의)	"○○님, 가족 간 갈등으로 힘드셨을 텐데 원만히 합의가 마무리되어 다행입니다. 상속 과정에서도 흔들림 없이 의연하게 결정해 주신 덕분입니다. 앞으로도 재산 관리와 관련해 언제든 끝까지 챙겨드리겠습니다."	"○○님, 상속 문제라는 무거운 사건에서 원만히 합의가 이루어져 다행입니다. 앞으로도 재산 관리나 상속과 관련된 문제에 대해 끝까지 책임지고 챙겨드리겠습니다. 언제든 편히 말씀해 주십시오."
기업·상사 (거래대금 소송 승소)	"○○님, 거래처와의 분쟁이 길어져 많이 지치셨을 텐데 승소 판결이 나와 다행입니다. 사업에 집중하실 수 있도록 저도 끝까지 챙겨드려 보람이 큽니다. 앞으로도 기업 운영에 법적 도움이 필요하시면 언제든 곁에 있겠습니다."	"○○님, 거래대금 소송에서 승소 판결을 이끌어낼 수 있어 기쁘게 생각합니다. 기업 운영 중 또 다른 법률적 과제가 생기신다면 끝까지 챙겨드리겠습니다. 든든한 법률 파트너로 늘 함께하겠습니다."

실무 팁

메시지는 3문장 이내로 간결해야 스팸 처리되지 않습니다.

고객 이름, 사건 키워드 일부를 넣어 개인화하면 반응률이 크게 높아집니다. 상담이나 사건을 진행하면서 일종의 해시태그처럼 사건의 성질, 고객의 성향, 특수성 등을 기재

해 두면 분류 및 리마인드에 도움이 됩니다.

단순 인사로 끝내지 말고 "앞으로 도움이 필요하시면 언제든 연락 주세요"라는 문장을 반드시 포함하세요(콜투액션).

기대 효과

AI를 활용하면 몇 초 만에 초안이 완성되고, 자동화 설정으로 발송까지 놓치지 않습니다.

감사 메시지는 고객에게 "사건이 끝난 뒤에도 나를 기억해 주는 변호사"라는 인식을 심어 주고, 이는 곧 재상담 가능성과 소개 등 수임으로 이어집니다.

6.3 사건 결과를 성공사례 콘텐츠로 재가공하기

문제 상황

사건이 끝나면 결과만 남기고 기록을 묻어두는 경우가 많습니다. 그러나 사건의 흐름과 결과를 정리하면 새로운 고객을 끌어들이는 우리 사무실만의 강력한 무기가 됩니다.

변호사들도 성공사례의 중요성은 알고 있습니다. 하지만 눈앞에 닥친 재판 준비, 서면 작성, 상담 일정 때문에 결국 성공사례 작성은 뒤로 밀립니다. 시간이 흐르면 사건의 기억이 희미해지고, 그만큼 사례의 생생함도 떨어집니다. 결과적으로 소중한 마케팅 자산이 사라지는 셈입니다.

AI 활용: ChatGPT로 사건 요약문 작성

사건 기록이나 판결문을 입력하면, AI가 "배경－쟁점－대응－결과" 구조의 초안을 빠르게 뽑아줍니다.

사건 배경, 대응 전략, 결과를 간단히 정리.

변호사 이름과 전문성을 강조하는 방식으로 편집.

프롬프트 예시(ChatGPT)

"다음 사건 요약을 네이버 블로그용 성공사례 글로 작성해 주세요. [사건 배경 → 대응 전략 → 결과] 순서로 고객이 이해하기 쉽게 설명해 주세요.

> 변호사가 전문적으로 사건을 이끌었다는 인상을 주도록 해주세요.
> 네이버 SEO 전략을 분석해 노출이 잘 될 수 있도록 구성해 주세요.

그림 6-2 ChatGPT가 재구성한 성공사례 예시 화면

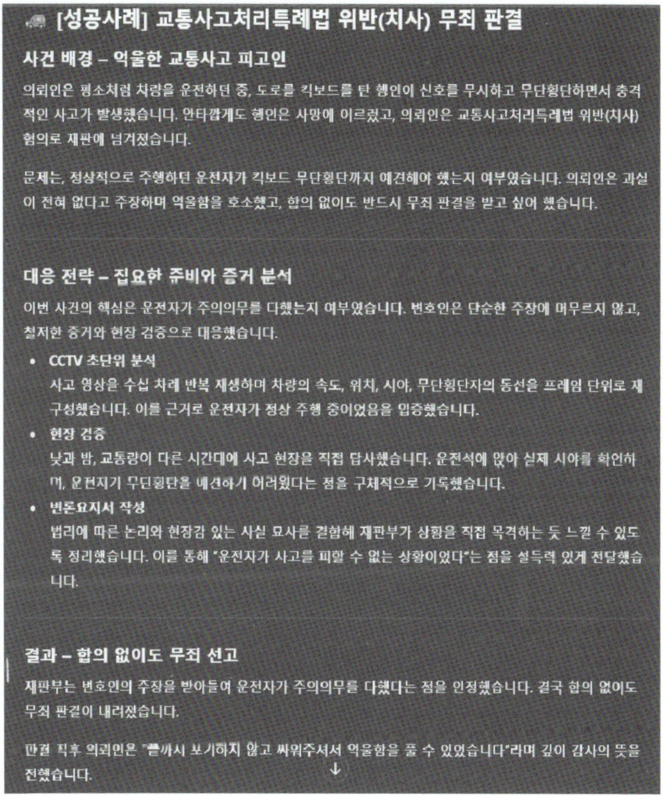

🚗 [성공사례] 교통사고처리특례법 위반(치사) 무죄 판결

사건 배경 – 억울한 교통사고 피고인

의뢰인은 평소처럼 차량을 운전하던 중, 도로를 킥보드를 탄 행인이 신호를 무시하고 무단횡단하면서 충격적인 사고가 발생했습니다. 안타깝게도 행인은 사망에 이르렀고, 의뢰인은 교통사고처리특례법 위반(치사) 혐의로 재판에 넘겨졌습니다.

문제는, 정상적으로 주행하던 운전자가 킥보드 무단횡단까지 예견해야 했는지 여부였습니다. 의뢰인은 과실이 전혀 없다고 주장하며 억울함을 호소했고, 합의 없이도 반드시 무죄 판결을 받고 싶어 했습니다.

대응 전략 – 집요한 준비와 증거 분석

이번 사건의 핵심은 운전자가 주의의무를 다했는지 여부였습니다. 변호인은 단순한 주장에 머무르지 않고, 철저한 증거와 현장 검증으로 대응했습니다.

- **CCTV 초단위 분석**
  사고 영상을 수십 차례 반복 재생하며 차량의 속도, 위치, 시야, 무단횡단자의 동선을 프레임 단위로 재구성했습니다. 이를 근거로 운전자가 정상 주행 중이었음을 입증했습니다.
- **현장 검증**
  낮과 밤, 교통량이 다른 시간대에 사고 현장을 직접 답사했습니다. 운전석에 앉아 실제 시야를 확인하며, 운전자가 무단횡단을 예견하기 어려웠다는 점을 구체적으로 기록했습니다.
- **변론요지서 작성**
  법리에 따른 논리와 현장감 있는 사실 묘사를 결합해 재판부가 상황을 직접 목격하는 듯 느낄 수 있도록 정리했습니다. 이를 통해 "운전자가 사고를 피할 수 없는 상황이었다"는 점을 설득력 있게 전달했습니다.

결과 – 합의 없이도 무죄 선고

재판부는 변호인의 주장을 받아들여 운전자가 주의의무를 다했다는 점을 인정했습니다. 결국 합의 없이도 무죄 판결이 내려졌습니다.

판결 직후 의뢰인은 "끝까지 포기하지 않고 싸워주셔서 억울함을 풀 수 있었습니다"라며 깊이 감사의 뜻을 전했습니다.

Canva로 카드뉴스 제작

ChatGPT가 정리한 텍스트 → Canva에서 카드뉴스 형식으로 변환.

로펌 블로그, 홈페이지, SNS에 게시.

실무 팁

개인정보 보호를 위해 사건번호, 이름 등은 반드시 익명화해야 합니다.

지나치게 전문 용어를 쓰지 말고, 고객이 이해할 수 있는 평이한 문장으로 작성해야 합니다.

카드뉴스는 5~6장 이내가 적당하며, 첫 장에는 사건 주제, 마지막 장에는 연락처를 넣는 것이 효과적입니다.

기대 효과

AI를 활용하면 사건 종료 직후 바로 초안이 나오므로, 시간이 지나 기억이 흐려지기 전에 콘텐츠를 확보할 수 있습니다.

고객은 자신과 유사한 사례를 확인하며 신뢰를 느끼고, 이는 신규 상담 문의로 이어집니다. 변호사 입장에서는 사건을 기록하면서 동시에 마케팅 자산을 축적하는 효과가 있습니다. 성공사례는 곧 신규 고객을 설득하는 증거로 기능하며, 변호사 사무실의 장기적 자산이 됩니다.

6.4 캘린더 · AI로 후속 일정 알림 자동화하기

문제 상황

사건이 끝났다고 고객의 법률 리스크가 끝나는 것은 아닙니다. 상속세 신고 기한, 양육비 지급일 등 후속 일정이 남아 있습니다. 이를 챙겨주면 고객은 변호사를 단순히 사건 담당자가 아니라 "지속적으로 곁을 지켜주는 동반자"로 인식합니다. 그러나 이런 일정을 수동으로 관리하기는 현실적으로 어렵습니다.

AI 활용 절차: Gemini와 구글 캘린더 연동

사건 종료 시점에 후속 일정(신고 기한, 납부일 등)을 구글 캘린더에 기록합니다.

Gemini를 통해 일정에 맞춘 이메일 초안이나 알림 메시지를 자동 작성하도록 설정합니다.

프롬프트 예시(Gemini)

"아래 사건 정보를 기반으로 고객에게 보낼 후속 알림 이메일을 작성해 주세요.

사건: 상속재산분할/후속 일정: 상속세 신고 기한 2025년 6월 30일

톤: 전문적이고 친절하게, 고객이 신뢰할 수 있도록"

Gmail 자동 발송 설정

캘린더 알림과 연동하여, 기한 1~2주 전에 자동 이메일 발송.
필요시 카카오톡 비즈니스 채널(솔라피 연동)을 활용해 문자 알림 병행.

그림 6-3 제미나이를 통한 구글 캘린더에 상속세 신고 기한 알림 설정 화면

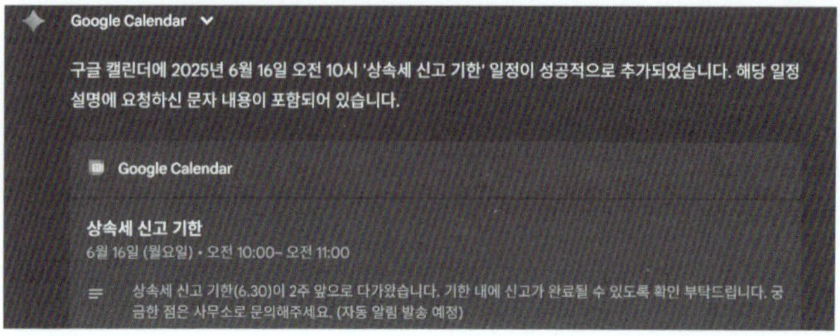

실무 팁

알림은 최소 2회(기한 2주 전, 3일 전) 보내는 것이 좋습니다.

이메일 제목은 간결하게: "상속세 신고 기한 안내(2025.6.30)"처럼 날짜를 넣으면 고객이 바로 확인할 수 있습니다.

문자 알림은 한글 80자 이내로 요약하는 것이 적합합니다.

기대 효과

이 과정을 통해 고객에게 사건 종료 후에도 변호사가 계속 신경 써주고 있다는 인상을 줄 수 있고, "내 사건을 끝까지 챙겨주는 변호사"라는 신뢰를 줍니다. 작은 알림 하나가 재상담으로 이어지고, 장기적으로는 고객 충성도를 높입니다.

6.5 고객 관리 자동화가 만드는 재상담 · 소개 선순환

사건이 끝나면 업무도 끝이라고 생각하기 쉽습니다. 그러나 실제로는 사건 종료 이후의 관리가 다음 수익의 출발점입니다. AI를 활용하면 감사 메시지 전송, 성공사례 정리, 맞춤형 알림 발송 등 모든 과정을 전담 인력 없이도 자동화할 수 있습니다.

이렇게 확보된 관리 체계는 변호사에게 세 가지 효과를 줍니다. 반복적 사후 관리 시간을 크게 절약합니다. 고객에게 "끝까지 책임지는 변호사"라는 신뢰를 줍니다. 재상담과 소개 수임을 늘려 사건 이후에도 수익을 재창출하게 만듭니다.

이 과정을 통해 변호사는 사건 이후에도 고객과의 관계를 이어가고, 다시 상담할 기회를 늘리며, 지인을 소개받는 선순환을 만들 수 있습니다. 결국, AI는 개업 변호사가 부족한 자원 속에서도 지속 가능한 사무실 운영을 가능하게 하는 시스템을 만들어 줍니다.

부록

1. MCP, 직접 설치해서 써볼까요?

먼저 여전히 수많은 MCP를 활용하려면 우선 Claude Desktop 앱이 변호사님 컴퓨터에 깔려있어야 해요. Claude Desktop은 Anthropic 공식 웹사이트에서 무료로 다운로드할 수 있고, 윈도우든 맥이든 다 지원하니까 걱정 마세요.

node.js 설치하기

먼저 선제적으로 MCP를 사용하기 위해서는 Node.js가 설치되어야 합니다. Node.js란 JavaScript를 서버 환경에서 실행할 수 있게 해주는 런타임 환경으로, 웹 브라우저 밖에서도 JavaScript 코드를 동작시킬 수 있게 만들어주는 프로그램입니다.

Node.js 설치는 매우 간단합니다. nodejs.org 공식 웹사이트에 접속하면 운영체제에 맞는 LTS(Long Term Support) 버전을 자동으로 추천해 줍니다.

부록 1

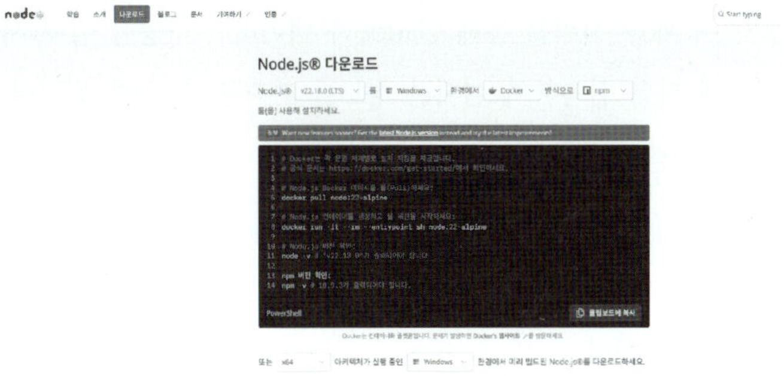

네이버 서치 MCP 설치하기!

이제 변호사님 블로그 마케팅의 핵심이 될 네이버 서치 MCP를 설치해 봅시다. 일반적으로 MCP 서버들은 개발자들이 만들어 GitHub에 라이브러리 형태로 공개되어 있습니다. 대표적인 저장소는 https://github.com/modelcontextprotocol/servers입니다.

부록 2

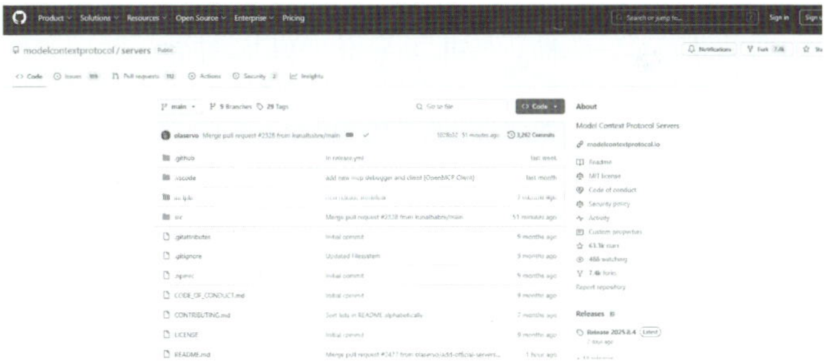

하지만 비개발자분들이 이런 서버들을 직접 설치하기에는 다소 복잡할 수 있어, 보다 쉬운 설치 방법을 제공하는

Smithery 플랫폼(https://smithery.ai/)을 활용하겠습니다.

이 MCP 서버를 통해 Claude가 네이버의 다양한 검색 서비스에 직접 접속하여 실시간 정보를 가져올 수 있게 됩니다.

첫 번째 단계: 네이버 API 키 발급받기

먼저 네이버 개발자 센터(https://developers.naver.com/main/)에서 API 키를 발급받아야 합니다.

1. 네이버 개발자 센터 접속 후 로그인
2. 'Application 등록' 버튼 클릭

부록 3

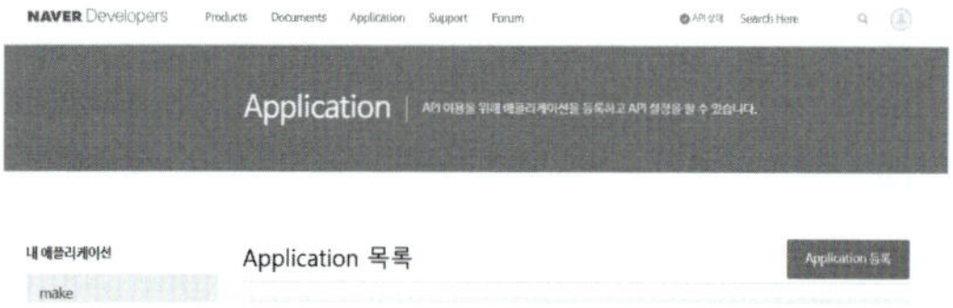

3. 사용할 API 선택: "검색", "데이터랩(검색어트렌드)", "데이터랩(쇼핑인사이트)"
4. 비로그인 오픈 API 서비스 환경: WEB 설정
5. 도메인 설정: https://claude.ai

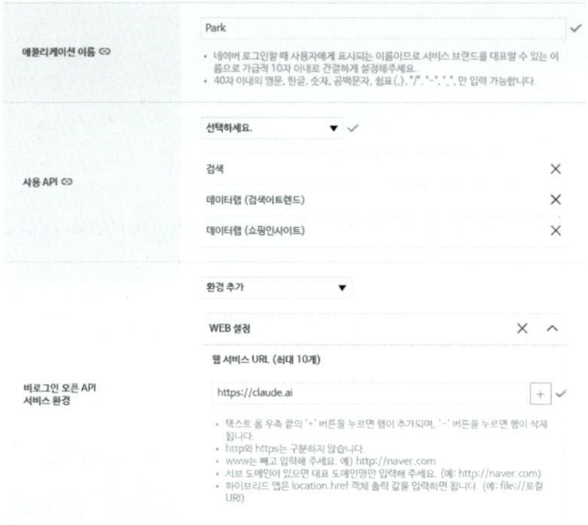

애플리케이션 등록 완료 후 '검색 API' 사용 권한을 신청하면 '클라이언트 ID'와 '클라이언트 시크릿'을 발급받습니다. 이는 API 인증에 필요한 핵심 정보이므로 안전한 곳에 보관해 두세요.

중요 알림: 서비스 신청 승인에 며칠이 소요될 수 있으니 미리 신청해 두시기 바랍니다.

두 번째 단계: Smithery 사이트로 간편 설치

1. Smithery 플랫폼에서 'naver search'를 검색하면 여러 사용자가 만든 MCP들을 찾을 수 있습니다. 그중 첫 번째 검색 결과를 선택하세요.

부록 5

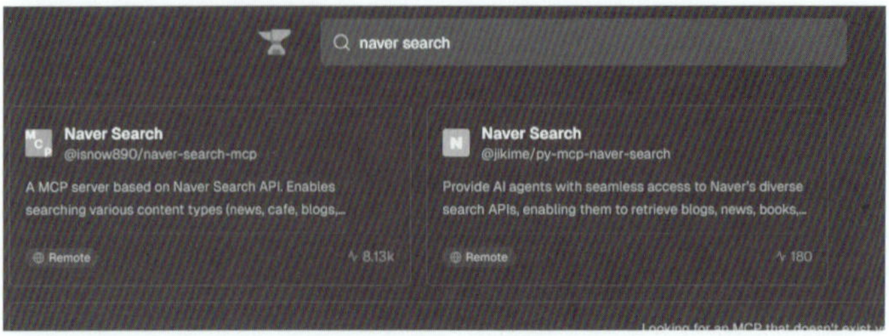

2. 해당 MCP 페이지에서 'Connect' 탭을 클릭하고, 'Claude Desktop'을 선택한 후 앞서 발급받은 클라이언트 ID와 시크릿을 입력합니다. 그러면 Node.js에서 사용할 수 있는 설치 명령어가 자동으로 생성됩니다.

부록 6

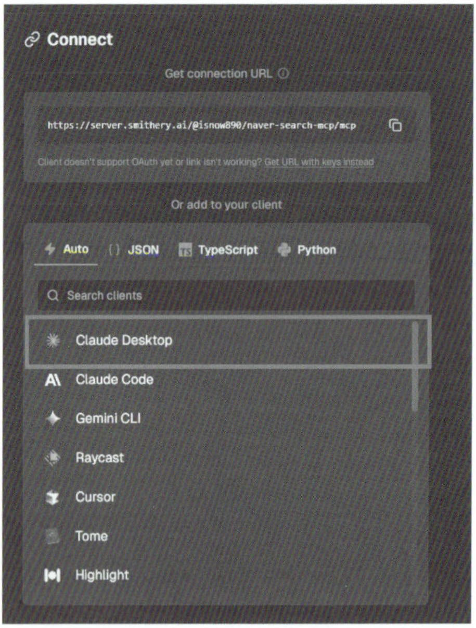

부록 7

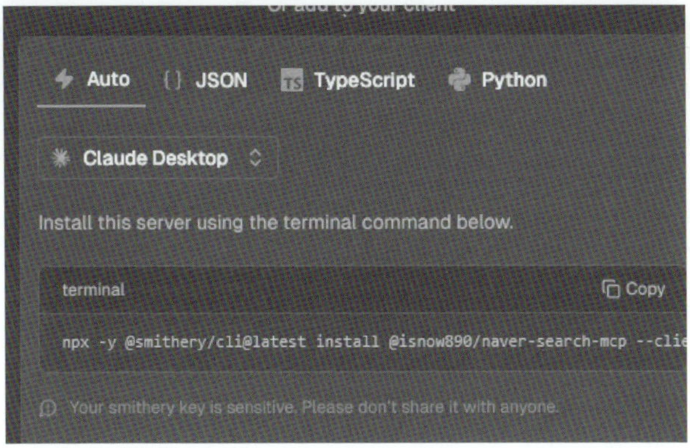

3. 이제 "Node.js Command Prompt"를 열고 생성된 명령어를 복사하여 붙여넣기만 하면 됩니다. 필요한 패키지들이 자동으로 설치되고 설정 파일까지 생성됩니다.

부록 8

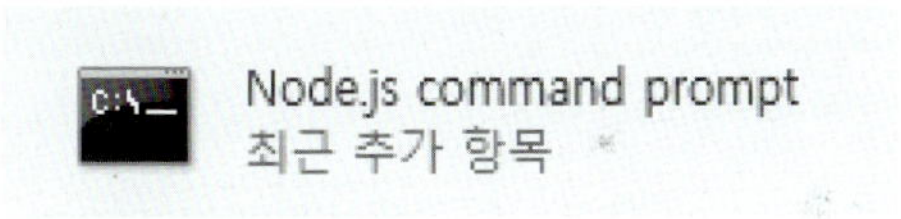

설치 완료를 알리는 메시지가 나타나면 성공적으로 설치된 것입니다.

부록 9

마지막 단계: Claude Desktop에 연결

설치가 완료되면 현재 실행 중인 Claude Desktop을 완전히 종료한 후("종료" 버튼 클릭) 다시 실행해 주세요. 정상적으로 연결되었다면 Claude Desktop 화면에서 'naver−search−mcp'가 연결되어 있음을 확인할 수 있습니다.

부록 10

이제 Claude가 네이버의 실시간 검색 데이터를 활용할 수 있는 준비가 완료되었습니다!

2. 한국 리걸 AI 스냅샷 (2025): 슈퍼로이어 · 인라인 AI · AiLex

1) 슈퍼로이어(SuperLawyer) — 로앤컴퍼니

슈퍼로이어(SuperLawyer) - 대한민국 변호사의 42%가 가입한 AI 솔루션

법률가를 위한 대화형 법률 AI 어시스턴트 **슈퍼로이어**. 법률 종합 포털 **로톡**과 AI 기반 통합 법률 정보 서비스 **빅케이스**를 운영하는 리걸테크

기업 로앤컴퍼니에서 변호사의 업무를 효과적으로 지원하기 위해 2024년 7월 출시했다. 슈퍼로이어는 한정된 시간과 인력 속에서 상담부터 수임, 서면 작성, 고객 관리까지 다양한 업무를 수행하는 개업 변호사를 위해, 각 업무 단계에 맞는 맞춤형 AI 기능을 제공하고 있다.

개업 변호사의 업무 생산성을 높이는 슈퍼로이어의 다양한 AI 기능

1. 상담 및 수임

- **상담 답변 초안 생성**

잠재적 의뢰인의 법률 질의나 의뢰인과의 초기 상담에서 슈퍼로이어를 이용해 사안에 대한 판례, 법령 리서치까지 포함한 법률 검토 결과를 빠르게 받아 이를 효과적으로 활용할 수 있다.

- **상담 자료 및 증거를 정리하는 〈고성능 OCR〉**

의뢰인 상담 메모, 카카오톡 채팅 등 다양한 증거 이미지 내 텍스트를 빠르고 정확하게 추출하는 고성능 OCR 기능. 다양한 증거 자료를 효율적으로 디지털화하고, 내 드라이브와 함께 사용 시 원활한 증거 관리와 활용이 가능하다.

2. 사건 관리 및 서면 작성

- **서면 초안부터 최종본까지 작성하는 〈롱폼〉**

슈퍼로이어와 실시간 대화하며 사건 정보를 바탕으로 서면 초안부터 길고 전문적인 최종본까지 빠르게 작성할 수 있는 스마트 문서 작성 도구다. 최대 수십 장에 이르는 서면 작성이 가능하며, 대화를 통해 수정 요청 시 AI가 직접 서면을 원하는 대로 업데이트해주는 점이 차별화된 강점이다. 물론 사용자가 직접 서면을 수정할 수도 있다. 모든 서면 작업 및 수정 이력은 히스토리로 남아 사건별 서면을 체계적으로 관리할 수 있다.

*슈퍼로이어는 증인/피고인/피의자신문사항, 최후변론서, 탄원서, 고소장, 내용증명, 의견서, 준비서면, 소장, 계약서, 반박서면, 항소이유서 등의 법률 문서 작성이 가능하다. 또한 문장 다듬기, 주장 보강, 감정적

호소 추가 등의 서면 품질 개선 요청도 가능하다.

- **답변 내용을 한 번 더 검토하는 〈인용 적절성 평가〉**

답변에 인용된 판례, 법령의 인용 적합성을 AI가 한 번 더 검증해 슈퍼로이어 답변 신뢰성을 높이는 기능이다. 답변에 포함된 인용이 문맥상 적절하게 쓰였는지 검토한다. 인용 취지에 부합하였으면 '적절'로 표시되고, 삭제된 법령이나 인용 취지와 맞지 않는 경우 '주의' 아이콘으로 안내하여 사용자의 원문 확인 부담을 줄여준다.

- **고객 사건 별로 관리하는 〈사건 기반 대화〉**

특정 사건을 기반으로 슈퍼로이어와 대화할 수 있는 기능. 내 드라이브에 사건을 등록하고 관련 자료를 올린 후, 사건 기반 대화를 선택하면 올린 사건 자료를 바탕으로 슈퍼로이어가 답변한다.

3. 강력한 보안 시스템

- **사용자가 업로드한 문서는 마이크로소프트 Azure에 저장되며, 모든 문서는 내용을 확인할 수 없도록 자동으로 암호화되어 저장된다.**

슈퍼로이어는 출시 1년 만에 누적 대화 100만 건을 돌파하며 빠르게 성장하고 있으며, 많은 법률 전문가가 슈퍼로이어를 통한 실무 혁신을 경험하고 있다. 거대언어 모델 클로드를 개발한 글로벌 AI 기업 '앤트로픽'은 "슈퍼로이어가 출시 6개월 만에 변호사 업무 시간을 230만 시간 절감했다"라고 소개한 바 있다. 2025년 5월 자체 설문조사에서 사용자는 "슈퍼로이어 사용 후 업무 시간이 기존 1시간에서 약 33분으로 크게 단축됐다"라고 응답하며 법률 업무 효율성을 높이 평가했다.

- **로앤컴퍼니 AI 생태계로 구현하는 개업 변호사의 스마트 업무 혁신**

월 100만 명 이상의 의뢰인이 이용하는 종합 법률 포털 **로톡**에서도 슈퍼로이어의 AI 기술을 기반으로 한 다양한 기능을 제공할 예정이다. 변호사는 슈퍼로이어 AI 기술이 적용된 로톡 내 **'로톡 상담 AI'**를 통해 의뢰인이 제출한 상담 내용을 자동으로 요약하여 답변 초안을 작성할 수 있다. 또한, 유료 상담 완료 후 상담 결과지 작성에도 해당 기능을 활용하여 법률적 포인트를 토대로 의뢰인이 이해하기 쉬운 간결한 상담 결과지를 작성할 수 있다. 슈퍼로이어 AI 기술 기반 **로톡 상담 AI**는 송무 변호사의 업무 효율성 향상에 기여할 것으로 기대된다.

*로톡 솔루션 이용 변호사 누구나 로톡 상담 AI를 무료로 사용할 수 있는 이용권이 제공된다.

2) 인라인 AI(Inline AI)

인라인 AI – 변호사의 법률 문서 작업을 10배 빠르게 하는 AI 법률 비서

한글/워드 위에 법률 서면을 바로 써주는 AI 법률 비서, 인라인 AI. AI 기업 엘리먼츠에서 변호사들의 반복되는 법률 문서 작업을 10배 더 빠르고 완벽하게 처리할 수 있도록 지난 10월 출시했다.

인라인 AI는 한정된 시간과 인력 속에서 준비서면 작성, 판례 검토, 소장 편집, 사실관계 정리까지 다양한 법률 업무를 수행하는 변호사를 위해, 각 업무 단계에 맞는 맞춤형 AI 법률 기능을 제공하고 있다. 수많은 판례와 법률 조항을 검색하고, 복잡한 사실관계를 정리하며, 시간에 쫓기는 상황에서도 완성도 높은 법률 문서를 작성해야 하는 변호사들에게 인라인 AI는 필수적인 업무 파트너가 될 것이다.

법률 업무 생산성을 높이는 인라인 AI의 변호사 특화 AI 기능

1. AI 법률 문서 작성

- 양식에 맞는, 완벽한 퀄리티의 AI 법률 문서 초안, 내 컴퓨터 속의 AI 법률 비서, inline AI는 준비서면, 소장, 답변서, 의견서, 내용증명, 법률 검토 의견서, 법적 자문서와 같은 중요한 법률 문서를 자동으로 완벽하게 작성한다. 또한 계약서 검토, 법률 리서치 결과 요약, 준비서면, 항소이유서 등 변호사의 모든 법률 문서 작업을 지원한다.

- 손쉬운 법률 문서 편집 처음부터 다시 생성할 필요가 없다. 법률 문서의 특정 부분만 지정해서 수정하는 것이 가능하다. 즉, 문서 위에서 AI와 함께 서면을 작성하실 수 있는 것이다. 서면 중에서 특정 주장이나 법리 부분만 편집하고 싶다면, 직접 편집할 수도 있으며 AI에 요청해서 그 부분을 법률적으로 보강할 수도 있다.

2. 법률 데이터 및 사내 판례 연동

- 의뢰인 사건별 자료 관리와 OCR 기술로 강화된 법률 서비스 인라인 AI는 의뢰인의 사건별로 자료를 체계적으로 모아 관리할 수 있는 기능을 제공한다. 특히 OCR 기술을 활용해 종이 문서, 이미지 파일, PDF 등 모든 형태의 법률 자료를 자동으로 디지털화하여 즉시 분석 가능한 텍스트로 변환한다.

  마치 챗지피티의 프로젝트나 제미나이의 Gem과 같은 시스템이 구성되어 있어, 문서 시스템을 통해 법률 사무소 내 다양한 형식의 법률 문서를 선택하여 업로드할 수 있다.

  판례, 법령 해석, 과거 작성했던 서면, 법률 의견서, 계약서 등 다양한 법률 문서 형식을 지원하며, AI는 이 자료들을 자동으로 분석하여 문서 내용을 정확히 이해하고 관련 법적 정보를 제공한다. 특히, 판례 분석과 법리 적용 부분에서 AI의 제안을 바로 문서에 적용하고 수정할 수 있다.

  기존에 쓰던 법률 문서 파일 모두 그대로 사용할 수 있다. 익숙한 형식의 법률 문서 편집기에 AI가 자동 분석한 판례와 법리를 삽입하고 있으며, 기존 방식의 법률 업무 환경에 AI 기능이 자연스럽게 결합되어, 새로운 툴을 배우지 않고도 바로 법률 문서 초안 작성 및 편집이 가능하다.
- 법률 문서 실시간 편집 한글/워드 문서 바로 위에서, AI 법률 비서와 함께. 기존 법률 문서를 추가하면 자동으로 편집 가능한 문서로 변환된다. 준비서면이나 소장의 일부 문장이 블록 지정되어 있으며, 우측 사이드바에는 AI가 제공하는 법률 작업 도우미 기능이 활성화되어 있다. 의뢰인의 요구사항을 입력하면 AI가 적절한 법리와 판례를 찾

아 법률 문서에 자동으로 반영해 준다.

3. 법률 정보 보안 시스템

- 의뢰인의 개인정보를 엄격히 보호한다. 모든 데이터는 철저히 암호화되어 저장된다. 각 변호사는 자신의 서버 내에서만 법률 데이터에 접근 가능하며, 공유는 이루어지지 않는다.
- 앤트로픽, Open AI 등 모델 공급업체와 법률 문서 기록을 전혀 보관하지 않는 Zero data retention agreement를 체결했다. 법무법인의 민감한 정보 보호를 최우선으로 한다.

인라인 AI는 현재 광장, 세종 등 국내 주요 로펌과 30여 곳의 법무법인, 사내 법무팀에서 사용하고 있다. 국회와 경기도 의회 등 공공기관에서 법률 문서 검토용으로 사용하고 있기도 하다. 변호사들의 설문조사에 따르면 "인라인 AI 사용 후 법률 문서 작성 시간이 평균 5배 단축됐다"라고 응답하며 법률 업무 효율성을 높이 평가했다. 특히 판례 검색과 법리 적용 시간이 대폭 줄어 의뢰인 상담과 법적 전략 수립에 더 많은 시간을 할애할 수 있게 되었다고 응답했다.

인라인 AI 법률 특화 기능으로 구현하는 변호사의 스마트 법률 업무 혁신

인라인 AI는 변호사를 위한 특화된 법률 기능을 제공하고 있다. 대법원 및 각급 법원 판례 실시간 분석, 개정 법령 자동 추적, 관련 판례 자동 매칭 등 변호사의 법률 리서치 효율성을 높이는 기능들이 포함되어 있다.

원래 쓰고 있던 서식에서 출발한다는 것이 다르다. 챗지피티처럼 글을 복사해서 한글에 옮길 필요가 없다. 한글 파일을 열면 인라인 AI가 자동으로 연결되어 바로 사용할 수 있다.

특히 복잡한 사실관계를 자동으로 정리하여 법적 쟁점을 도출하고, 관련 법리와 판례를 매칭해 주는 기능은 변호사들의 법률 분석 시간을 크게 단축시켜 준다. 사건 유형별 맞춤형 지원으로 개인 변호사부터 대형 로펌까지 모든 법률 전문가의 업무 효율성 향상에 크게 기여하고 있다.

*인라인 AI는 준비서면, 소장, 답변서, 의견서, 내용증명, 계약서, 법

률 검토 의견서, 변론 요지서, 항소이유서 등 다양한 법률 문서 작성이 가능하다. 또한 법리 보강, 판례 검색, 사실관계 정리, 법적 논리 강화 등의 법률 문서 품질 개선 요청도 가능하다.

익숙한 법률 업무환경 업무 보던 방식 그대로, AI만 더해서

새로운 법률 프로그램을 배울 필요가 없다. 익숙한 한컴 화면과 기존에 쓰던 법률 문서 파일 모두 그대로 사용할 수 있다. 익숙한 형식의 법률 문서 편집기에 AI가 자동 분석한 판례와 법리를 삽입하고 있으며, 기존 방식의 법률 업무 환경에 AI 기능이 자연스럽게 결합되어, 새로운 툴을 배우지 않고도 바로 법률 문서 초안 작성 및 편집이 가능하다.

*모든 법률 전문가가 인라인 AI의 법률 특화 기능을 활용할 수 있다. 민사, 형사, 행정, 특허, 노동, 국제 등 전문 분야별 맞춤형 법률 AI 모듈이 제공된다.

3) AiLex(A2D2)

사건은 늘어나는데, 시간이 없다면 — AiLex
"도구"가 아닌 "협력자", "비용"이 아닌 "수익창출 엔진"

변호사업만큼 아날로그적인 산업이 또 있을까요? 2025년 지금도 변호사들의 사무실은 여전히 수만 페이지의 종이 문서로 가득합니다. 한국의 변호사는 동시에 50여 개의 사건을 다루면서, 하루 종일 방대한 증거문서와 씨름하며 시간을 보내고 있습니다.

저희 A2D2(AI Analog Data Digitalization)가 이 문제에 주목한 이유입니다. 다른 리걸테크 AI들이 법령 검색, 판례 검색, 계약서 작성에 집중하는 사이, 저희는 변호사들이 정말 고생하는 지점을 파고들었습니다. 바로 **증거문서 분석**입니다.

변호사의 진짜 문제는 무엇일까

변호사의 일상에서 진짜 문제는 법령을 찾기 어려운 것도, 판례를 찾기 어려운 것도 아닙니다. 방대한 종이 증거문서 더미에서 승소의 열쇠가 될 단서를 찾아낼 시간이 없다는 것이 가장 큰 고민입니다.

어쏘 변호사의 시간당 원가가 5만 원인 현실에서, 수백 시간의 '문서 정리 작업'은 더 이상 감당하기 어렵습니다. PDF 문서에 책갈피를 붙여 개별 문서로 나누고, 하나하나 요약하고, 사건 흐름을 정리하고, 진술조서를 분석하는 이 모든 과정이 로펌에게는 사건당 수천만 원의 비용 부담을 안겨줍니다.

AiLex: 단순한 도구를 넘어선 역량 확장의 기회

AiLex는 단순한 비용절약 도구가 아닙니다. 변호사의 **'수익 창출 엔진'**이 되어드립니다. 저희 서비스를 사용하시면 몇 달 걸리던 일이 며칠 만에 끝납니다. 기존에 4주가 걸리거나 아예 엄두도 못 냈던 증거문서 디지털화가 2일 만에, 2달이나 걸리던 전체 문서 요약 작업이 3일 만에 완료됩니다. 무엇보다 수천, 수만 페이지의 모든 증거문서를 한 번에 검색할 수 있게 됩니다.

이건 단순한 시간 절약이 아닙니다. **업무 처리 능력 자체**가 확장된다는 뜻입니다. 더 많은 사건을 맡을 수 있고, 더 깊이 있게 분석할 수 있으며, 결국 더 높은 승소율로 이어집니다.

변호사들이 걱정하는 세 가지를 해결해 드립니다

변호사분들이 AI 도입을 망설이는 이유는 뚜렷합니다.

"내 전문성이 가치가 없어지는 건 아닐까?"

이런 걱정 많이 하시죠. 그런데 AiLex는 변호사를 대신하는 게 아닙니다. 오히려 변호사가 더 전문적인 일에 집중할 수 있도록 도와드립니다. 지겨운 문서 정리에서 벗어나, 진짜 법률 전문가다운 일에 몰두할 수 있게 됩니다.

"AI가 틀린 정보를 주면 어떡하지?"

이것도 당연한 우려입니다.

AiLex는 뭔가 새로 만들어내는 게 아니라, 증거문서 안에 이미 있는 내용을 정확하게 분석하고 정리하는 일을 합니다. 모든 요약, 시간 순서 정리, 분석 결과는 실제 증거문서를 바탕으로 하며, 어디서 나온 내용인지도 명확하게 보여드립니다.

"중요한 정보가 새어나가면 큰일인데..."

이 부분이 가장 민감하죠. AiLex는 저희가 직접 만든 외부 차단 AI 시스템을 사용합니다. 인터넷 뱅킹만큼 안전하게 보호되며, 당신의 자료는 절대 밖으로 나가지 않습니다. 사건별로도 완전히 분리해서 관리하고 있습니다.

이미 많은 로펌에서 경험하고 있는 변화

현재 빅10의 대형 로펌 및 30여 로펌에서 AiLex로 실제 사건을 진행하고 있습니다. 이분들의 공통된 이야기는 분명합니다. "이제 문서 정리로 밤새는 일은 없습니다. 처음부터 사건의 핵심을 파악하고 전략을 세우기 시작하니까, 훨씬 수준 높은 변호사가 된 기분입니다."

AiLex는 비용이 아니라, 로펌의 새로운 '수익 창출 엔진'으로 자리잡고 있습니다.

'시간 절약'을 넘어 '일하는 방식'이 바뀝니다

단순히 시간을 아껴주는 것이 아니라, 업무 처리 능력 자체를 늘려드립니다. 로펌의 비즈니스와 딱 맞아떨어지는 도움을 드릴 수 있습니다.

반복 작업은 자동으로:

증거 검토, 초기 요약 등 시간만 잡아먹는 일들을 AiLex가 해결합니다.

중요한 일에 집중:

변호사분들은 법률 구성, 고객과의 소통 등 정말 가치 있는 일에 집중할 수 있습니다.

수익성 높은 시간으로 전환:

시간을 줄이는 게 아니라, 더 많은 수익을 만들어내는 시간으로 바꿔 드립니다.

로펌 역량 확대:

사람을 더 뽑지 않고도 동시에 더 많은 중요한 사건들을 맡을 수 있어서, 로펌 전체 역량이 커집니다.

"어쏘 변호사를 내보내지 마세요. 이들이 전략가로 성장할 수 있도록 하고, AiLex를 든든한 분석 파트너로 활용하세요. 인력을 두 배로 늘리지 않아도 로펌의 사건 처리 능력을 두 배로 키울 수 있습니다."

더 이상 문서와 씨름할 필요가 없습니다. AiLex가 당신의 가장 유능하고, 지치지 않으며, 믿을 수 있는 어쏘 변호사가 되어드리겠습니다. 종이 문서와의 긴 싸움에서 벗어나, 진짜 법률 전문가로서 능력을 마음껏 발휘할 때가 왔습니다.

A2D2 AiLex

웹사이트: https://www.ailex.co.kr

변호사의 가장 유능한 어쏘 변호사

저자소개

추다은 변호사
(AKA 김변호사)

세 번의 기수를 이끈 '김변호사 AI 스터디'에서 80여 명과 함께하며 전 기수 강의평가 올 만점을 기록했다. 법무법인 세종, 고려대학교 · 경북대학교 등에서 AI 사용법 강의를 맡아 호평을 받았고, 국내 최대 AI 커뮤니티 GPTers 운영진으로 활동 중이다. 고려대학교 ESEL 데이터, AI 법 전문과정을 수료했고, (주)와이랩의 사외이사이다. 얼떨결에 AI 창업경진대회에서 수상하는 바람에 여기까지 왔다. 어린 날의 나에게 부끄럽지 않은 삶을 살고자 한다.

남대건 변호사

특정 분야에 머무르지 않고, 다양한 법률 영역을 아우르는 제너럴리스트로 성장하고자 한다. 변화하는 환경 속에서 한 방향에만 매이지 않고 넓은 지평을 바라보며, AI 시대에 필요한 새로운 법률가의 길을 모색한다. 삭막한 사막에서 푸른 녹원을 꽃피울 씨앗과 물을 찾듯, 법률과 기술의 접점을 확장하는 AI 리더가 되고자 한다.

박경태 변호사

법률 서비스에도 브랜드가 필요하다고 믿는 송무 변호사. 민사 · 형사 모두 수행하며, 제약 · 바이오 분야 연구원 출신으로 과학과 법의 접점에서 차별화된 시각을 제공한다. 자동화 시스템과 AI 툴 실험에 관심이 많아, '앞서가는 변호사'를 목표로 나아가고 있다.

배인순 변호사

오늘도 에러를 잡고 있는 개업 변호사. AI가 변호사 업계에 위협이 될 것이라는 우려가 많지만, 오히려 이 기술적 변화가 기회의 디딤돌이 될 것이라 확신한다. 개인의 독점보다는 공유와 토론을 통해 새로운 비즈니스 모델을 창출하면, 그것이 법조계 전체가 성장하는 길이 되지 않을까? 이 책이 그러한 공유와 협력의 첫걸음이 되기를 희망한다.

안소윤 변호사

법률사무소 수석 대표변호사로서 다양한 사건을 수행하며, 조선일보, 연합뉴스 TV 등 방송과 강연 분야에서 활발히 활동한다. 서울대학교 졸업 후 한국 ESG센터 전문위원을 맡았으며, 『내 돈을 지켜주는 친절한 생활법률상식』의 저자다. 과거 에듀윌 행정법 교수, 경제살롱 강연자 등으로 법을 쉽고 친근하게 풀어내는 능력을 인정받았고, LG생활건강 마케팅 경험까지 더해 법률과 경영 · 소비자 감각을 아우르는 커리어를 쌓았다. 변화하는 세상에서 AI를 잘 쓰는 변호사가 더 큰 기회를 잡을 것으로 믿고 AI를 법률 업무에 활용하는 방법을 연구하며 AI를 직원으로 두고 실무에 활용 중이다.

추천사

(가나다순)

인류는 지난 역사 속에서 수차례 혁명적 변환기를 거쳐왔다. 이제 법률가에게 AI는 선택이 아니라 시대가 요구하는 새로운 사고의 기반이다. 이 책은 그 시대전환의 한가운데에서, 김변호사 팀이 누구보다 먼저 부딪히고 겪어내고 경험하며 축적한 생생한 know-how들을 섬세한 통찰로 엮어낸 것이다. 기술과 설명에만 머무르지 않고, 법조 실무의 맥락 속에서 어떤 사고의 전환이 요구되는지 정밀하게 짚어낸 점이 탁월하다. 변화의 속도가 너무나 숨 가쁜 시대지만, 이 책은 그 흐름 속에서 두려움이 아닌 기회와 가능성을 발견하는 방법을 보여준다. AI의 시대는 이미 와버렸고 남은 건 그 변화의 가속뿐이다. 법률가에게 있어 시대의 전문성이란 더 많은 지식이 아니다. 혁명적 변화를 읽어내고 필요한 새로운 감각과 능력을 갖추는 데서 완성된다는 사실을 이 책을 읽고 나면 깨닫게 될 것이다. 이 책은 그 감각과 능력을 명확하게 일깨워주는 AI 시대가 요청한 필독서이다.

– **박정우** 연세대학교 법학전문대학원 교수

인류 역사는 기술 혁신이 숙련된 사람에게 유리하게 작용해 왔음을 보여준다. 산업혁명 때는 단순 노동자보다는 기계를 다루는 엔지니어의 임금이 급등했고, 컴퓨터 시대에는 타이피스트가 사라지고 소프트웨어 엔지니어가 보상을 받았다. AI 시대 법률가도 비슷할 것이다. AI를 활용해 판단력, 민첩성, 전문성을 발휘할 수 있는 법률가만이 살아남을 것이다. 본서는 단순히 AI를 소개하는 것을 넘어 변호사와 실무자들의 실제 업무 흐름을 혁신적으로 개선할 수 있는 구체적이고 깊이 있는 전략을 담고 있다. AI를, 도구를 넘어 업무 파트너로 삼으려는 모든 변호사와 실무자에게 강력히 본서를 추천한다.

- **이성엽** 고려대 기술경영대학원 교수(법학박사)
Legal Tech & AI 포럼 회장,
고려대 로스쿨 ESEL 데이터, AI 법 전문과정 주임교수

미래를 알 수 없기에 불안한 것이 인간의 숙명이지만, AI 시대를 맞이한 요즘은 23년 차 변호사인 저에게도 공포 그 자체입니다. 이러한 불안의 시대에 김변호사 팀에서 발간하고 있는 『김변호사의 스마트한 AI 활용법』 시리즈는 가뭄의 단비처럼 우리의 막연한 불안을 해소하여 줄 수 있는 마법의 지팡이 같습니다. 새로운 AI 기술을 발판으로 성장할 기회를 노리고 있는 새내기 법조인부터 아날로그에 익숙하여 AI 기술이 귀찮지만 생존을 위하여 적응해야만 하는 경력직 법조인까지 모두 이 시리즈를 통해 인사이트를 얻게 될 것입니다. 특히, 이번 시리즈는 개업 변호사의 행정 업무 프로세스를 획기적으로 개선하여 본연의 변호사 업무에 집중할 수 있는 노하우를 제공해 준다고 하니 더욱 기대됩니다.

- **주현영** 법무법인 세종 변호사

김변호사의 스마트한 AI 활용법 II

: 개입 변호사를 위한 업무 혁신 가이드

초판발행	2026년 1월 5일
지은이	김변호사 팀
펴낸이	안종만 · 안상준
편 집	전혜민
기획/마케팅	김한유
표지디자인	조훈식
제 작	고철민 · 김원표
펴낸곳	(주) 박영사 서울특별시 금천구 가산디지털2로 53, 210호(가산동, 한라시그마밸리) 등록 1959. 3. 11. 제300-1959-1호(倫)
전 화	02)733-6771
f a x	02)736-4818
e-mail	pys@pybook.co.kr
homepage	www.pybook.co.kr
ISBN	979-11-303-9897-6 03360

정 가 24,000원